LES SOIRÉES
DE FAMILLE.
III.

LES SOIRÉES

DE FAMILLE,

CONTES, NOUVELLES, TRAITS
HISTORIQUES ET ANECDOTES;

RECUEIL PHILOSOPHIQUE, MORAL ET
DIVERTISSANT.

TOME TROISIÈME.

A PARIS,

CHEZ BECHET, LIBRAIRE
rue des Grands-Augustins, N.º 11.

1817.

LES SOIRÉES
DE FAMILLE,
CONTES, NOUVELLES ET ANECDOTES.

LE RACCOMMODEMENT.

Dans une ville de province, où l'on imite assez bien les grands airs de la capitale; où l'on préfère habituellement l'homme enrichi au citoyen sensé; où, grâce aux dictionnaires, on sait les mots de tout; où l'on prend parti pour tel intermède ou tel auteur; où l'on dispute sur telle ou telle opinion indifférente en soi, jusqu'à se trouver insupportable; où l'on ne sait pas plus ce qui perd une femme que ce qui déshonore un homme ; où l'on ne rougit plus que d'être pauvre ; où les femmes sont sans nerfs, et les hommes sans principes ; où l'on balbutie sans cesse sur les affaires de l'Etat en négligeant les siennes, où l'on s'assemble sans plaisir ; où l'on soupe sans gaîté ; enfin, dans cet aimable abrégé de la bonne ville, Gervilé venait de se marier sans amour et sans estime, par convenance en un mot.

Florise était veuve depuis sept mois ; sa fortune était *au pair* de celle de Gervilé. Florise d'ailleurs jouait supérieurement les proverbes : voilà tout ce qu'il fallait à Gervilé. Il se mit donc sur les rangs et fut accepté, parce qu'il avait une place distinguée à la ville, et un théâtre à la campagne.

Le lecteur s'attend au portrait de Florise et de Gervilé pour juger de mon coloris. Le lecteur sera trompé :

je ne compromettrai point ici ma palette : ni l'un ni l'autre ne sont les figures avancées de mon tableau.

Je dirai seulement, à l'égard de Gervilé, qu'ayant fait avec succès dans sa jeunesse des découpures, des pantins et du marli, sa famille l'avait déterminé à acheter une charge de judicature ; que, depuis quelques années il avait pris un goût vif pour le théâtre, et qu'il n'avait jamais suivi la chambre criminelle avec tant d'assiduité que depuis qu'il s'était aperçu qu'en y faisant son service, il pouvait rencontrer quelque sujet admirable pour une excellente comédie à la mode.

Dans le tumulte de sa noce, à peine avait-il vu que Fervan, son ami, lui manquait, et qu'il n'avait pas été un des témoins, je ne dis pas de son bonheur, mais de son goût dans le choix des étoffes et de son habileté dans l'ordonnance des cristaux.

Quitte enfin des repas et des visites, il commença à avoir besoin de Fervan qui était à la campagne. Avec le projet nouveau de jouer à sa terre, dans le semestre prochain, une douzaine d'ingénieux proverbes qu'il avait dialogués à ses momens perdus, il ne pouvait se passer de son ancien ami. Il lui écrivait donc que rien n'avait manqué à sa félicité que sa présence, et qu'il fallait qu'il vînt au plutôt faire une connaissance plus particulière avec son épouse, dont les talens pour les scènes-impromptu l'enchanteraient.

Fervan répondit qu'il n'était pas difficile de deviner les raisons qui l'éloigneraient désormais de sa société ; que Dorimène ayant dû être de sa noce, comme un peu parente et surtout comme intime amie de Florise, il avait dû prendre le parti de s'éloigner d'une femme pour laquelle il avait une antipathie égale à celle qu'il lui avait inspirée.

Gervilé, naturellement distrait, se ressouvint alors qu'en effet son ami avait fait ce qu'il avait pu pour le détourner de son mariage, et que sa haine pour Dorimène, inséparable compagne de Florise, était la source de ses contradictions à cet égard : il n'y avait pas moyen de chercher à brouiller les deux amies, ou du moins ce ne fut pas là l'expédient qu'imagina Gervilé dans cette affaire délicate.

Un soir qu'il était resté seul avec sa femme, et qu'il la trouva moins endormie qu'elle ne l'était ordinairement dans leur tête-à-tête de l'après-souper, il lui parla de Fervan ; lui vanta son ancien attachement pour lui, pour ses talens ; et la nécessité où il sentait son cœur d'entretenir une liaison tout-à-fait respectable, puisqu'ils avaient eu long-temps une maison à frais communs, et qu'ils avaient plus d'une fois, dans leur jeunesse, partagé les mêmes plaisirs.

« Je sens votre embarras, répondit Florise, car Dorimène ne saurait le souffrir, et assurément je ne vous sacrifierai pas mon amie.—Il n'est pas question de sacrifice, répond Gervilé; qui est-ce qui est assez sot pour en demander ou pour en attendre ? Vous avez beau m'aimer, vous ne ferez toujours que ce qui vous conviendra le mieux; aussi ne vous parlai-je point de fuir Dorimène. — Je le crois bien, monsieur. — Et sans doute, madame, vous l'aimez : voilà qui est dit; elle me convient assez ; elle a un genre d'esprit à elle : cela varie dans la société. — Mais que prétendez-vous donc? Si mon amie trouve ici tous les jours votre ami, elle s'éloignera de nous. Elle lui a fait fermer une douzaine de portes dans cette ville, pour être en sûreté contre lui; elle se fermera la nôtre, et je vous déclare que je ne puis vivre sans elle. — Parbleu! madame, vous ne donnez pourtant pas dans la haute philosophie. Je ne vois pas le rapport de vos goûts. — Oh! je l'aime..... parce que je l'aime, et je vous supplie de le trouver bon... — Je le trouve excellent, vous dis-je; et si vous me donnez le temps de m'expliquer, vous verrez que je ne demande pas mieux que de conserver Dorimène et mon ami. — Oh! voyons donc quel est votre dessein. Si vous trouvez quelque voie de conciliation dans cette affaire-là, vous avez tort de vous borner à juger les *pâles hu-*

mains ; il faut vous proposer comme plénipotentiaire à quelque cour fatiguée de la guerre.

« Ne plaisantez pas, ma chère femme, dit Gervilé ; j'ai dans la tête un plan...... Ecoutez-moi..... Je le trouve tout-à-fait heureux, tout-à-fait théâtral, et peut-être dans le loisir de quelque séance...... — Eh ! voyons, monsieur, ce projet de paix. — Le voici. Premièrement, je sais que Dorimène et Fervan ont eu au moins un jour ou deux la fantaisie de s'aimer. Il reste toujours quelque chose de cette première disposition. — Voilà un premièrement sur lequel je vous arrête. Je gage qu'il n'en reste pas la plus petite trace. — C'est ce qu'il faudra voir. 2°. Sur quoi est fondée leur grande antipathie ? Sur des misères. Dorimène n'aime pas les vers, et en cela elle a tort. Mon ami pourrait bien avoir celui d'en faire trop et de s'acharner à les lire : d'accord. D'un autre côté, Fervan, qui s'est persuadé que l'engouement philosophique est la mort des beaux-arts, ne pardonne pas à Dorimène de citer à tout propos quelques illustres auteurs dont elle nous fait lire et acheter fort cher les productions.... Ne voilà t-il pas de belles raisons pour se haïr et pour se fuir comme ils font tous deux ? Oh ! moi je prétends que, si vous voulez me seconder, il nous sera très-possible et très-agréable de les ramener l'un à l'autre. — Et par où, s'il vous plaît, monsieur ? — Par où ? par le ressort universel, par l'amour-propre. Je m'explique :

« Vous aurez la bonté de dire, sans trop d'affectation, à votre amie, que je reçois des lettres de Fervan où il est fort question d'elle. La voilà déjà curieuse. Elle vous demande ce qu'il en dit : les choses les plus flatteuses, répondez-vous ; et le reste, car je vous laisse imaginer ce qui sera le plus convenable pour flatter sa manie. Vous pourrez ajouter que Fervan ne s'est retiré à la campagne que pour y essayer des projets d'agriculture dont il a la tête remplie. L'agriculture est aussi une branche de philosophie à la mode, et dont votre amie sait déjà presque tous les termes, témoin le *produit net* dont elle nous parle si souvent, et qu'elle aime de prédilection, en attendant qu'elle parvienne à nous le faire entendre.

« De mon côté j'écrirai à Fervan. — Je vous entends, monsieur. Voilà donc cette heureuse invention dont vous vous vantiez ? Cela est de toute antiquité. — Et cela réussira, madame; cela réussira. Je connais un peu les hommes. Je sais le désœuvrement actuel de Fervan ; il viendra, n'en doutez point. Tous deux, prévenus par nos soins, tout autrement qu'ils ne l'étaient d'ordinaire, passeront peut-être nos espérances. Et que sait-on ? L'état du mari de Dorimène est désespéré. Elle sera veuve avant trois mois. C'est une chose contagieuse que le mariage ; celui de Bermon a fait le mien ; Fervan voudra aussi finir comme moi, et votre amie au fond lui convient. Voyez si vous voulez accepter votre rôle. — J'y consens ; mais je suis moins persuadée que vous du succès. Je vous remercie de la complaisance, » dit Gervilé, en embrassant sa femme qui le boudait, et contre laquelle il avait un peu d'humeur depuis quelques jours ; et en l'embrassant il lui serra la main, et Florise lui serra la sienne ; il était tard, et Gervilé n'eut, cette nuit, point d'autre appartement que celui de Florise. Tant il est vrai qu'en ménage les raccommodemens sont plus aisés à faire qu'ils ne le paraissaient à l'auteur du *Préjugé à la mode*.

Plein de son projet, il écrivit dès le lendemain avec assez d'adresse, et s'aperçut bientôt qu'il n'avait pas conçu de folles espérances. Il en fit part à sa femme qui, de son côté, croyait aussi avoir gagné du terrain sur l'esprit de son amie. Le goût supposé de l'agriculture avait opéré des merveilles. Dorimène avait imaginé d'elle-même que c'était chercher à la mériter que d'avoir sacrifié à ce plaisir nouveau, sa démangeaison habituelle de rimer à tout propos. A chaque instant elle se rappelait la figure de Fervan, d'une manière moins désobligeante; enfin tout allait à ravir, et l'on n'attendait plus que le retour du campagnard pour cimenter ce raccommodement, qui d'abord avait paru plus difficile à Florise.

Or, il faut à présent faire connaître un peu plus particulièrement au lecteur et Fervan et Dorimène.

Celle-ci avait été belle, et *soutenait encore la gageure* avec un embonpoint un peu considérable. On ne comptait plus ses histoires, parce qu'on se lasse de tout ; et parce qu'elle s'était avisée prudemment de se jeter dans les profondeurs de la sagesse humaine, et de se faire envisager sous un autre coup d'œil que celui qu'on porte sur les femmes ordinaires.

Elle était, pour ainsi dire, la mère temporelle de tout ce que la province avait de petits philosophistes. Sa maison était leur rendez-vous favori : c'était chez elle qu'on disputait à outrance, et qu'un faux enthousiasme renversait sans ménagement toutes les idées reçues.

Les premiers instituteurs de Dorimène l'avaient rendue ennemie déclarée des arts d'imagination. Ils ne lui avaient montré dans cette faculté brillante et féconde de l'âme qu'une effervescence, un feu vagabond propre à nous égarer; et dès lors, la poésie était pour elle le vain amusement des esprits médiocres et frivoles.

Pour Fervan, c'était une de ces figures des beaux bergers de la Thessalie... grands yeux bleus, cheveux cendrés, ton de voix argentine; il avait dû être intéressant à dix-huit ans. Il laissait encore mollement errer sa vue douce, mais peu perçante, sur toutes les femmes; il minaudait, se mordait la lèvre, souriait encore en jeune homme qui fait métier de plaire; mais quelques rides, qu'il était le seul à ne pas apercevoir, se prononçaient déjà, et toutes ses grâces étaient sur le point de devenir de petits ridicules.

Amoureux fou du bel esprit, et surtout des vers, il composait des stances et des madrigaux pour les belles, et des couplets pour les jolis soupers. Malheureusement pour plus d'un auditeur, il les avait toujours en poche, et gémissait souvent de ce que la province n'avait point de graveurs assez habiles pour en immortaliser la collection. Il s'était élevé jusqu'à composer de petits drames, qu'il croyait intéressans parce qu'ils étaient lugubres et tristes. Du reste, toujours complaisant, toujours louangeur, et n'ayant jamais d'humeur que lorsqu'il s'apercevait de la préférence qu'un nouvel abus de l'esprit faisait donner alors à des ouvrages sérieusement inutiles, sur les charmes divins du langage des neuf Sœurs. Tel était l'ami de Gervilé, l'heureux Fervan, toujours content de lui-même, et jouissant délicieusement de la réputation qu'il s'était acquise de jouer supérieurement les niais.

Il avait eu en effet pour la grosse Dorimène une curiosité de passage dont il s'était bientôt guéri, en soupçonnant qu'elle n'aurait pas pour ses talens la haute considération qu'elle affichait pour les brochures vendues sous le manteau. Depuis ce temps, il en avait toujours parlé fort légèrement; et Dorimène le lui rendait partout avec usure.

Voilà les gens que Gervilé voulait rapprocher pour les intérêts de son petit théâtre de campagne ; car il ne désespérait pas que Dorimène elle-même ne se laissât vaincre un jour sur la répugnance qu'elle annonçait pour l'*histriomanie*. On fondait alors un nouveau genre de comédie morale et pathétique, dont quelques essais sublimes avaient déjà passé dans la province, et il y avait grande apparence que cette heureuse richesse de l'art dramatique la rendrait moins dédaigneuse sur l'amusement favori de la société.

Il fallait donc que Fervan arrivât; et Gervilé, dans une lettre, ayant confié à son ami qu'il avait surpris Dorimène fredonnant une de ses chansons qu'il lui désignait, il ne put résister à cette attaque, et il se détermina à partir sur-le-champ.

Il arrive. Il a déjà vu son ami qui lui a confirmé tout ce qu'il lui avait écrit. Il sent bien encore quelques légères impressions d'éloignement qui l'arrêtent; mais chaque mot de Gervilé irrite sa vanité : il est décidé à se présenter.

Dorimène sait qu'il va paraître. Un frémissement qu'elle ne peut définir la saisit à cette nouvelle; mais Florise a osé l'expliquer en faveur de Fervan, et Dorimène n'a point eu le courage de la désavouer.

Ce fut un spectacle assez plaisant de le voir, au premier souper qu'il vint faire chez Gervilé, s'avancer vers Dorimène, d'un air moitié contraint et moitié confiant, lui faire un compliment apprêté sur la fraîcheur et sur les roses de son teint, et chercher dans ses yeux ce qu'on l'avait flatté qu'il y trouverait; embarras auquel Dorimène crut devoir reconnaître les dispositions favorables du cœur de Fervan pour elle.

Les voilà donc en commerce réglé

de flatteries mutuelles, étonnant tous les convives de leur intelligence inattendue, dont Gervilé et sa femme avaient seuls le secret.

Les regards de Fervan, toujours prêts à s'attendrir, rencontrèrent plus d'une fois ceux de Dorimène qui se disait en elle-même : *Cet homme-là a vraiment les plus beaux yeux du monde; comment ai-je fait pour ne pas le voir jusqu'ici?* Fervan de son côté, dont la vue s'égarait quelquefois sur le bras et sur le sein de Dorimène, se disait secrètement aussi : *Il n'y a point de figure égale à celle-là; sa main est ravissante; la première jeunesse n'a point cette rondeur cette noble consistance;* et puis les minauderies de redoubler de la part de l'ami de Gervilé, les souris complaisans de se multiplier de la part de Dorimène : c'était un succès complet pour le maître de la maison, qui voyait avec délices une réconciliation qu'il avait si fort désirée, et qui lui promettait deux acteurs à la fois.

La conversation tomba sur la campagne. Fervan, qui venait de la quitter, parla avec feu des travaux dont on s'y occupe et des plaisirs dont on y jouit. *Gervilé ne m'a point trompée*, pensait Dorimène : *Fervan a plus que des rimes dans la tête; il devient amant de la nature pour me plaire.* Nouveaux complimens alors de Dorimène, que Fervan a raison de prendre pour des agaceries, et auxquelles il répond de la meilleure foi du monde.

Comme ils avaient été placés l'un auprès de l'autre par Gervilé, on croit que des coudes et des mains se rencontrèrent presque sans le vouloir, ou, comme dit un de nos plaisans conteurs, *malgré qu'on le voulait bien.* Des mouvemens qu'on se permettait de façon à les faire croire involontaires, approchaient, on ne sait comment, le pied de Fervan de celui de Dorimène. On se regardait de côté, on baissait la vue, on se retirait; et puis dans la minute le hasard faisait qu'on avait à se retirer encore; enfin on alla jusqu'à feindre d'ignorer qu'on avait à se retirer. Gervilé et son épouse, en spectateurs intelligens, ne perdaient rien de tout ce qui se passait, et jouissaient, en se regardant l'un et l'autre, du fruit de leur petite intrigue.

Le souper avançait, et les bougies devenues plus basses rendaient la blancheur des femmes plus décidée, et faisaient éclater le feu de tous les yeux. Dorimène et Fervan y gagnaient plus que le reste de la compagnie, et n'en étaient que plus aimables l'un pour l'autre.

Gervilé, pour porter les choses encore plus loin, fit des plaisanteries à son ami sur son éternel célibat. « Mon cher Fervan, lui dit-il, vous vous marierez comme un autre : je vous le prédis ; cet amour de la campagne, qui vous a gagné depuis quelque temps, annonce une âme susceptible des plaisirs vrais et naturels, et voilà ce qui fait les mariages délicieux. Je ne vous dis pas d'y penser aujourd'hui, ni demain ; mais le temps.... Le temps est un grand maître.,... suffit.... Il peut amener des circonstances tellement favorables.... Je vous assigne à cette époque. » Fervan avait alors ses grands yeux bleus langoureusement attachés sur la grosse Dorimène qui adoucissait tant quelle pouvait ses deux prunelles noires, tant elle avait bien entendu l'ami de Fervan.

« Oh! parbleu, dit alors un des convives, monsieur de Fervan, en cas qu'il se marie, ne s'adressera pas à un autre qu'à lui pour faire son épithalame.—Il est vrai, répondit-il, qu'on connaît ma facilité pour ces sortes d'ouvrages. Il en revient un à Gervilé, et je compte bien avant qu'on se sépare en régaler l'assemblée. »

A ce mot, vous eussiez vu les yeux de Dorimène se rétrécir, se remontrer avec leur caractère de fermeté naturelle, et se porter du côté de celui qui venait de faire reprendre à Fervan son premier ridicule.

Il n'avait rien vu de ce changement subit, et s'y prit avec tant de grâce pour faire accepter à Dorimène un fruit qu'il venait de choisir pour elle, qu'il triompha de cette altération passagère. « Mon cher Fervan, laissons là les épithalames ; cela est de l'autre siècle : soyez du nôtre.... De l'agriculture, croyez-moi : voilà ce qui honore l'esprit. Vous trouverez dans ma bibliothèque tout ce qu'il y a de plus moderne et de plus délicieux sur cette matière ; mais ne parlons plus de petits vers, je vous en conjure. »

Fervan, étonné de ce discours auquel Gervilé avait maladroitement oublié de le préparer, se pencha machinalement sur la main de Dorimène, la baisa et reparut tout-à-fait aimable. Mais un instant après, ayant été sollicité de chanter, il n'hésita point à préférer le morceau qu'il croyait du goût de Dorimène, sur la parole de Gervilé, et le changement qui se fit sur la physionomie de cette femme, fut si marquant qu'il ne put lui échapper.

Il continua pourtant avec une confiance qui augmenta l'humeur et le dédain de Dorimène. On ne chercha plus à s'approcher : dans l'instant il y eut entre eux une distance *bien prononcée;* et Dorimène ne cessa de parler assez haut à son voisin pendant que Fervan chantait.

Sensible à l'injure qu'elle venait de lui faire, il ne put s'empêcher de lui dire qu'il s'étonnait qu'elle eût prêté si peu d'attention à des paroles qu'elle daignait chanter elle-même.« Qui moi ? moi ? répondit-elle ; ah ! quelle folie! Est-ce qu'on chante encore ? Assurément les petits vers que vous venez de moduler ne triompheront pas de mon dégoût pour le genre mesquin de la chanson. »

On juge de l'embarras de Gervilé à ce démenti positif. Fervan cherchait inutilement ses yeux, et Florise, malgré le rire fou qui la gagnait, fit ses efforts pour faire changer d'objet à la conversation ; mais le poète était trop outré : son illusion tombait ainsi que celle de Dorimène.

« En vérité, madame, lui dit-il d'un ton précieux et pincé, c'est grand dommage qu'en faveur de vos hautes prétentions, quelqu'un de nos auteurs n'ait pas tenté de composer pour la table quelque ronde amusante sur le *vide* ou sur *l'attraction* : cela serait d'un goût exquis. — Je ne vous conseillerais pas de l'essayer, répondit Dorimène, laissez là *l'attraction* ; me voilà bien convaincue que vous n'entendrez jamais rien à cette matière. »

« La bégueule ! avec sa large poitrine, disait tout bas Fervan. — Le sot ! disait Dorimène, avec ses grands yeux fades ! « Et puis se levant tout à coup, elle demande ses gens, se jette sur les bras d'un des convives, descend et part comme un trait, sans avoir dit un mot à Florise ni à Gervilé, qui bientôt se trouvèrent seuls, Florise à rire de toute son âme, et Gervilé dans la consternation d'avoir manqué son projet.

« Consolez-vous, lui dit sa femme, et ne vous mêlez plus de traités de paix. Si Fervan retourne à la campagne, votre théâtre ne manquera pas de niais; cette ville en fourmille. Au reste, je vois à ceci un petit dédommagement pour vous, et je vous trouve en vérité plus heureux que sage. Cette petite pièce que vous devez arranger, à vos momens perdus, en va devenir meilleure; voilà un dénouement qui vaudra bien celui que vous auriez imaginé; mais n'oubliez pas que le véritable titre est *le Raccommodement impossible.*

SUR MADAME DE MAINTENON.

La Fortune voulut prodiguer ses vicissitudes à madame de Maintenon durant sa vie. La mort, que sa sensibilité lui fit désirer souvent, ne l'a pas laissée plus paisible. En 1794, une foule d'insensés, dirigée par quelques méchans, pénétra dans la chapelle de Saint-Cyr, souleva le marbre qui couvrait la sépulture de la fondatrice, brisa le cercueil vénéré, et rendit à l'éclat du jour ce corps éteint qui ne paraissait qu'endormi. Après d'innombrables profanations, on traîna dans les rues du village la veuve d'un monarque, la mère des pauvres de Saint-Cyr et de Versailles, la protectrice de Racine et de Fénélon. La nuit étant venue, cette troupe aveuglée ramena sa victime dans le couvent; et on parlait de dresser un bûcher pour la réduire en cendres, lorsqu'un jeune officier, déguisant sa douleur, remit quelques pièces d'argent aux chefs du tumulte, les engagea à s'aller délasser au cabaret, et leur fit entendre qu'il valait mieux différer la cérémonie jusqu'au lendemain, afin d'avoir un plus grand nombre de spectateurs. A ces motifs, ils se rendirent, et laissèrent leur proie dans l'une des cours. Aussitôt l'officier et un ancien serviteur du monastère remirent avec respect ce corps dans un linceul, et l'ensevelirent à la hâte dans un petit jardin de la maison.

Ce jardin était le même dont madame de Maintenon avait joui depuis son veuvage et sa retraite. Il tient à l'appartement où elle logeait et qui porte encore son nom.

Lorsque Saint-Cyr est devenu une école militaire, M. le général de Bellavène a occupé ce corps-de-logis. Ayant su que la dépouille mortelle de madame de Maintenon reposait dans une allée si voisine de sa chambre, il l'a fait exhumer, l'a replacée soigneusement dans un nouveau cercueil ; et ce cercueil, déposé par son ordre en un lieu sûr, attend, sinon les honneurs, du moins l'asile du tombeau.

LES PROMENADES
DE LONGCHAMP.

Les fêtes et les promenades de Longchamp commencent le Mercredi Saint; ce jour-là et le lendemain jeudi, si le temps est beau, le nombre des promeneurs est très-considérable; ces deux jours ont été de tout temps ceux de prédilection, et où se sont montrés les équipages brillans, les cavalcades élégantes et la foule des piétons.

On connaît l'origine de ces promenades; tout le monde sait qu'elles ont eu, dans le principe, un but religieux:

on se rendait à l'abbaye de Longchamp, qui se trouvait placée à l'une des portes du bois de Boulogne, pour assister aux offices du soir, chantés par les religieuses, les Mercredi, Jeudi, et Vendredi Saints. On prétend que plusieurs d'entre elles étaient choisies pour ce couvent, comme ayant une jolie voix, et chantant avec beaucoup de goût; mais bientôt ce fut moins la dévotion, et même le désir d'entendre une musique agréable, qui déterminèrent ces courses, que le plaisir de se montrer dans tout l'étalage du luxe. On restait à la file à la porte de l'église. La route de Longchamp était un lieu de rendez-vous, où l'on se cherchait, se félicitait, s'admirait, se déchirait.

Quoiqu'il n'y ait plus depuis bien long-temps de musique ni de chants des ténèbres, et que l'abbaye soit entièrement détruite, on a conservé l'habitude de se diriger de ce côté, et le même esprit anime les promeneurs d'aujourd'hui, comme ceux d'autrefois: d'une part, ainsi que nous venons de le dire, le désir de briller et de se montrer; de l'autre, la curiosité. La première idée qui frappe dans cet immense concours, c'est que les jouissances s'offrent en opposition avec les privations; chacun y manque suivant la manière dont il est affecté. Le riche se complaît dans l'idée qu'il donne de son heureuse situation; l'homme malheureux paraît espérer un meilleur sort; il se flatte des exemples qu'il a sous les yeux : celui qui n'a pas cet espoir s'en dédommage par les sarcasmes qu'il se plaît à lancer contre ceux dont la prospérité l'offusque; l'homme sensé donne carrière à ses refléxions.

Il y voit un moyen de dépense et de consommation pour le riche, de travail et de gain pour l'entrepreneur et l'ouvrier; en un mot, une cause de circulation toujours utile aux citoyens et à l'Etat. La masse des spectateurs, qui n'a voulu que courir et s'amuser, applaudit aux objets qui lui plaisent; on se rit des efforts et des dépenses que chacun a faits à l'envi pour se faire distinguer. A la suite d'équipages lestes et somptueux, on aperçoit d'humbles voitures, à peine traînées par des chevaux efflanqués et harassés. A des toilettes soignées et où règnent l'élégance et le goût, dont l'éclat est encore relevé par les charmes des belles, qui pour plaire n'avaient pas besoin de se parer, on voit succéder des habillemens modestes, négligés, et quelquefois bizarres, qui rendent encore plus piquant le spectacle mouvant des hommes, des voitures et des chevaux. Il est bien loin de nous le temps où l'on croyait ne devoir se vêtir que par décence et pour se mettre à l'abri des injures de l'air. On ne connaissait point alors ces chars brillans qui donnent aujourd'hui à ceux qui s'y reposent, un air de triomphe. Dans le seizième siècle, la Reine de France fut la première qui eut un carrosse. En 1540, madame la Duchesse d'Angoulême en eut un aussi. La troisième personne qui s'en servit, fut Jacques Auguste de Thou: encore n'en faisait-il usage que pour aller à la campagne; et quelle espèce de carrosses! Ils étaient faits comme le sont ceux des messageries, avec de grandes portières de cuir qu'on abaissait pour y entrer; on n'y mettait que des rideaux. Ce ne fut que sous le règne de Louis XIII, que monsieur de

Bassompierre fit faire un petit carrosse avec des glaces. En 1599, un président ou un conseiller au Parlement offrait la croupe de sa mule à son confrère, comme on offre aujourd'hui une place dans sa voiture. Sous la minorité de Louis XIV, presque tous les gens de la Cour allaient encore à cheval; ils se présentaient chez les dames, aux assemblées, et se mettaient à table avec leurs bottines et leurs éperons. Maintenant, nous pouvons tous, grâce à l'invention heureuse des remises et des fiacres, jouir de l'avantage que nos pères ne connaissaient pas, celui de nous faire conduire partout où nous voulons, dans des voitures propres, même élégantes, à ressorts bien lians; et cela, pour la plus modique rétribution. Que ne devons-nous pas à l'industrie et au génie qui nous ont procuré ce bienfait! Que de soins, que de travaux pour parvenir au point de perfection où est porté l'art du carrossier! Et cette adresse, cette patience qu'il a fallu pour dompter, pour instruire ces coursiers qui nous portent ou nous traînent! Quelle agilité, quelles grâces ne développent-ils pas sous la main qui sait les conduire! Sans eux, on ne verrait point les élégans et les belles raser la surface des allées sablonneuses du bois de Boulogne, ce lieu où François Ier, de retour de Madrid, aimait à se retirer, et où il était inaccessible aux courtisans : ce qui, par raillerie et par allusion à sa captivité en Espagne, avait fait donner le nom de Madrid au château qu'il avait fait élever dans ce bois. C'est encore aux services précieux de ces chevaux qui font notre admiration, que l'on doit le coup d'œil brillant et agréable de ces sociétés qui vont orner les salons du Rénelagh et les pavillons et jardins enchanteurs de Bagatelle, l'un des plus beaux ouvrages de Bellanger, que l'architecture, la sculpture, la peinture et le dessin avaient embelli à l'envi; que des Vandales avaient ravagé, mais qui a été restauré de manière à y attirer toujours les curieux et les personnes qui aiment les beaux jardins.

Dans toute cette partie des environs de Paris, on ne rencontre que des promenades délicieuses et des établissemens déstinés au plaisir de la campagne. Si le bois de Boulogne, Neuilly, paraissent trop éloignés, les Champs-Elysées dédommagent les piétons de ces privations; et les courses de Longchamp, en leur montrant tout ce que Paris renferme de plus somptueux en équipages et en parure, ajoutent dans la Semaine Sainte aux charmes des promenades que le printemps et les beaux jours invitent à faire dans ce bois délicieux. Aussi y voit-on une foule nombreuse et qui ne respire que la gaîté.

———

SUR LES DANSEURS DE CORDE.

Un professeur de Dantzick, nommé Grodeck, ecrivit en 1702, une dissertation très-savante sur les danseurs de corde, *de funambulis*, qu'il définit des hommes qui marchent sur une grosse corde attachée à deux poteaux opposés. C'est précisément ce que signifie le mot latin *funambulus*, composé de *funis* une corde, et d'*ambulo* je marche. Les Grecs les appelaient *neurobates* et *schoenobates*, mots qui se trouvent chez plusieurs de leurs écrivains. Les littérarateurs qui recherchent curieusement l'origine des choses, prétendent que cet art fut inventé peu de temps après les jeux comiques où les Grecs dansaient sur des outres de cuir, et qui furent institués en l'honneur de Bacchus, vers l'an 1345 avant Jésus-Christ. Cette nation en fit un art très-périlleux, et le porta au plus haut point de rafinement et de variété. Mercurial nous a donné dans sa Gymnastique, cinq figures de danseurs de corde, gravées d'après des pierres antiques.

Cet exercice était assez commun dans l'Orient : « On mettait des cor-
« des, dit saint Chrysostôme, ten-
« dues de manière qu'on n'y pouvait
« marcher qu'en montant et qu'en
« descendant ; il ne fallait qu'un coup
« d'œil mal donné ou un petit défaut
« d'attention pour précipiter ces fu-
« nambules dans l'orchestre, où ils
« périssaient malheureusement. On ne

« se servait plus alors de la précau-
« tion ordonnée par l'empereur Marc-
« Aurèle, qui était d'étendre des ma-
« telas au-dessous de la corde, de
« peur que les danseurs ne se tuassent
« en tombant. On n'avait pas non plus
« l'attention d'y tendre des rets,
« comme on fit depuis pour les ga-
« rantir du péril. D'autres, continue
« saint Chrysostôme, après avoir
« marché sur cette corde, s'y dépouil-
« laient et s'y revêtaient comme s'ils
« avaient été dans un lit : spectacle
« que plusieurs n'osaient regarder ;
« les autres tremblaient en voyant
« une chose si dangereuse. »

Du temps de Tibère, on montrait des éléphans qui marchaient sur des cordes tendues. Sous Néron, un chevalier, connu de tout le monde, parut assis sur un éléphant, et courut *per catadromum :* ce que Casaubon et Pitiscus interprètent sur une corde tendue.

Pline rapporte qu'au spectacle donné par Germanicus, on vit plusieurs éléphans exécuter ensemble une sorte de danse pyrrhique, et danser ensuite sur la corde, de manière qu'en cet état, quatre d'entre eux portaient en litière un cinquième qui faisait la nouvelle accouchée. Sénèque, dans ses épitres, Suétone, *Vie de Galba*, Vopiscus, *Vie de Carin*, Dion, *Vie de Néron*, ont fait mention d'éléphans qui dansaient sur la corde. Tant de témoignages ne laissent aucun doute sur la vérité du fait.

Jean Passerat, dans un éloge de l'éléphant, a parlé de l'adresse de cet animal et de sa marche sur la corde :

Addo per extentum solitos incedere funem
Sublimesque gradus librare per aera, vulgo
Attonito, frustràque graves metuente ruinas.

Revenons aux danseurs de corde: ce spectacle fut introduit à Rome, sous le consulat de Sulpicius Pétus et de Licinius Stolon, l'an 390 de la fondation de cette ville. Ils donnèrent d'abord leurs jeux dans l'île du Tibre; et ensuite Messala et Cassius, censeurs, les firent paraître sur le théâtre. Térence, dans sa comédie de l'*Hécyre*, se plaint d'un funambule qui avait empêché le peuple de faire attention à la première représentation de sa pièce. Horace parle aussi des funambules, et Juvénal des schoenobates qui jouaient à Rome.

Il y avait quatre sortes de danseurs de corde. Les premiers étaient ceux qui tournaient autour d'une corde comme une roue autour de son essieu. Les seconds, ceux qui descendaient le long d'une corde, appuyés seulement sur l'estomac, les bras et les jambes étendus. Les troisièmes couraient sur une corde tendue horizontalement, ou de haut en bas, et les quatrièmes étaient ceux qui sautaient et dansaient sur la corde.

Manilius a fait une description fort élégante du danseur de corde dans ces vers :

Aut tenues ausus sine limite gressus,
Certa per extentos ponit vestigia funes,
Et cœli meditatus iter, vestigia perdit
Per vacuum et pendens populum suspendit ab ipso.

Saumaise a trouvé, dans un ancien manuscrit, une espèce d'énigme sur les funambules. *Vidi hominem pendere cum viá, cui latior erat planta quàm semitá,* c'est-à-dire, j'ai vu un homme suspendu en l'air avec son chemin plus étroit que n'était la plante du pied.

Cet exercice s'est conservé dans le temps de l'ignorance et de la barbarie.

Sous les premières et secondes races, quand nos rois donnaient des fêtes, on y trouvait des bouffons, des pantomimes, des bateleurs et des danseurs de corde. Ce sont les premiers spectacles qu'aient eus nos ancêtres.

Les danseurs de corde qui, même sous Louis XIV, couraient la France comme des baladins, se réunirent à Paris, sous le règne de Louis XV, et sous la direction de Nicolet, qui les fit succéder à son singe pour former un spectacle forain sur le boulevart du Temple. Ils prirent le titre de Grands Danseurs du Roi, et ils portaient dans leurs exercices un écusson aux armes royales. Ce fut l'époque de leur gloire. On vit briller alors les plus grands talens en ce genre. Le sieur Placide, frère de la dame Biglioni, actrice au théâtre Italien, le *beau* Dupuis, et le *Petit Diable* sont encore présens à la mémoire des amateurs du boulevart. Ces fameux danseurs de corde et leurs camarades n'ont pas peu contribué à la fortune de Nicolet. Ils furent un jour mandés pour aller danser à Versailles, du temps de Louis XVI, et le directeur, tout orgueilleux de cette faveur, ne manqua pas de mettre sur l'affiche : *Aujourd'hui relâche pour le service de la Cour.* L'affiche fut placardée et renouvelée longtemps pour conserver la mémoire d'une époque si glorieuse. Pendant la révolution, les grands danseurs du Roi se séparèrent, et l'on n'a plus entendu parler d'eux. Il y a quelques années que Forioso l'aîné vint montrer ses talens à Paris au théâtre Louvois, et les amateurs furent émerveillés de son ascension depuis le théâtre jusqu'au fond de la salle, aux cinquièmes loges. C'est cette même ascension que son frère, madame Saqui, et mademoiselle Dercour ont renouvelée, les deux premiers, au théâtre Montansier, et ensuite tous les trois en plein air au jardin de Tivoli, au milieu des feux d'artifice, des pétards et des chandelles romaines.....

Les véritables connaisseurs ne peuvent se décider facilement à accorder la supériorité à ces nouveaux danseurs de corde sur les anciens. Ravel, Forioso et madame Saqui font, il est vrai, des choses étonnantes; ils ont autant de grâces que de légèreté, mais on regrette qu'ils ne soient pas réunis en troupe permanente. Ils auraient besoin d'être soutenus par des accessoires, tels que des parades, des pantomimes, des ballets, etc. Nicolet avait senti cette nécessité; le public voyait avec plaisir la danse de corde, la voltige, les sauts périlleux; mais il trouvait agréable, quand il avait admiré la force et l'adresse des danseurs, quand il avait pour ainsi dire partagé par la crainte et l'effroi, les peines et les périls des acteurs, de reposer sa vue et son imagination sur un spectacle moins effrayant et plus tranquille.

OBSERVATIONS CURIEUSES SUR LES NÈGRES,

Par M. MAZÈRES, Colon.

Physique et moral, tout dans le Nègre diffère du Blanc ; voyez la couleur négative de sa peau : elle annonce déjà les ténèbres de son intelligence. L'âme porterait en vain ses impressions sur les traits de son visage ; cette couleur refuserait de les rendre. L'œil d'ailleurs, si justement appelé le miroir de l'âme, ne réfléchit rien ; la glace semble y manquer. Aussi le Nègre a-t-il plutôt un masque que de la physionomie. Qu'en avait-il besoin, dès que la nature ne devait y produire aucun de ses admirables effets, dès que les plus tendres affections de l'âme ne devaient y jouer aucun rôle? L'odorat et le goût sont, pour ainsi dire, nuls chez lui : je les ai vus tous indistinctement manger, sans la moindre répugnance, du poisson gâté jusqu'à la fétidité. Un piment, nommé dans les colonies piment à diable, à cause de sa mordante causticité, mêlé avec abondance dans tous leurs mets, n'agit sur leur palais que comme un arome balsamique. Quel est le résultat de cette organisation grossière? Un grand enfant borné, léger, mobile, inconsidéré, ne sentant avec force ni le plaisir ni la douleur, sans ressort dans l'esprit ni dans l'âme : tel est, je le répète, le Nègre. Insouciant comme tous les êtres paresseux, le repos, les femmes, le chant et la parure, composent le cercle étroit de ses goûts;

je ne dis pas de ses affections : car les affections, proprement dites, sont trop fortes pour une âme aussi nulle, aussi peu réactive que la sienne. Par une contradiction bizarre en apparence, le Nègre, toute sa vie enfant, sans en avoir la grâce, s'élance du repos à la danse avec une espèce de fureur, toutes les fois qu'il en a l'occasion. On en a vu beaucoup dont il fallait calmer cette espèce de délire en faisant cesser la musique, et quelle musique pourtant ? un tambour fait avec un baril, des cailloux secoués avec force dans de petites citrouilles vides ; ils n'ont pas d'autre orchestre. Il faut en convenir, l'être bizarre que transporte jusqu'à la fureur ce charivari discordant, mortel pour des nerfs délicats, ne ressemble en rien à ce que nous connaissons en Europe : je ne manque pas plus de faits que d'autorités respectables pour le prouver.

On connaît les opinions philantropiques de Bernardin de Saint-Pierre. Il n'était pas homme à calomnier une race toute entière, où il choisit même un héros pour son joli roman. Qu'on veuille faire attention à ce qu'il en dit, lui qui put l'étudier à son aise à l'Ile-de-France. « Les Nègres échappent à
« la plupart des maux par leur insou-
« ciance et la mobilité de leur imagi-
« nation. Ils dansent au milieu de la
« famine comme au sein de l'abon-
« dance, dans les fers comme en li-
« berté. Si une pate de poulet leur
« fait peur, un petit morceau de pa-
« pier blanc les rassure. Ce n'est point
« dans la *stupide* Afrique, mais aux
« Indes que je les ai observés..... En
« général, les Nègres sont très-infé-
« rieurs aux autres nations pour les
« qualités de l'esprit; ils n'ont perfec-

« tionné aucune espèce de culture ; ils
« n'exercent aucun des arts libéraux,
« qui faisaient cependant des progrès
« chez les habitans du Nouveau-
« Monde, bien plus modernes qu'eux...
« Loin de construire un brigantin, ils
« ont laissé les peuples étrangers s'em-
« parer de toutes leurs côtes. »

Jefferson, président des Etats-Unis, qu'on ne soupçonnera pas non plus de calomnier les Nègres, ne fait pas d'eux un portrait plus flatteur. Ecoutons cet observateur :

« Ils sont faiblement sensibles au
« chagrin, qu'ils oublient très-promp-
« tement. Leur existence tient plus de
« la sensation que de la réflexion.
« Leur imagination est lourde, insi-
« pide, irrégulière ; l'amour en eux
« n'est qu'une pure sensation ; rien de
« tendre ni de délicat ne s'y manifeste.
« Ce n'est pas en Afrique où je les con-

« sidère, mais ici (aux Etats-Unis),
« au milieu des Blancs, au milieu des
« modèles de toute espèce, ils y sont
« de père en fils depuis plusieurs gé-
« nérations ; ils sont associés aux
« Blancs, et jamais je n'ai pu trouver
« un seul d'entre eux qui se soit élevé
« au-dessus des idées les plus com-
« munes. Leur stupidité n'est point un
« effet de l'esclavage, mais de la na-
« ture, ce qui se prouve par compa-
« raison. Les esclaves des Romains
« étaient tenus plus sévèrement que
« nous ne tenons les Nègres dans notre
« continent américain, et cependant,
« chez les Romains, il y eut un grand
« nombre d'esclaves qui se distinguè-
« rent par leur mérite, tels que Térence
« et Phèdre. »

Si une pate de poulet leur fait peur,
un petit morceau de papier blanc les
rassure, dit Bernardin de Saint-Pierre;

il ne faut même ni précautions ni gradations, pour les mener de la crainte à la sécurité, du chagrin à la joie. Quiconque veut les tromper ou les séduire, trouve en eux de grands enfans préparés à tout croire. Au moyen donc de cette crédulité, on les abreuve maintenant de jongleries et de mensonges; on ne leur parle que de *zombis* et de *ouanga*, c'est-à-dire de revenans et de sortiléges, qu'ils avaient appris à braver sous notre tutelle. Hélas! six mois seulement après avoir été livrés à eux-mêmes, c'est-à-dire à tous les maux d'une incivilisation corrompue, pire que l'état sauvage, ils ne rêvaient presque tous que fantômes, sortiléges, maléfices et poisons; ils eurent même des sorciers en titre. Un nommé Jeannot, esclave sur l'habitation Bulet, fut à la fois général, médecin de l'armée et sorcier. C'était bien le Nègre le plus féroce qu'on ait jamais connu. Sa barbarie, dont je ne rapporterai pas des traits, parce qu'ils paraîtraient invraisemblables, même aux lecteurs de madame Radcliff, épouvanta bientôt l'armée ; et, il faut en convenir, l'armée n'avait pas si grand tort : un général de sa façon, maître à la fois des poltrons, des malades et des superstitieux, par le sabre, la médecine et la crédulité, ne laissait pas que d'être redoutable. Il le devint à un tel point qu'on le mit à mort. Sa science, moins tragique dans ses effets, n'en eut que plus de croyans : tout ce qui ne se fit pas docteur resta victime, et rien dès-lors ne se décida que par sortilége. L'ombre même de ce terrible médecin protégea ses successeurs devenus seulement un peu moins sanguinaires. Un de mes Nègres ne mangeait, le vendredi, qu'à huit heures du soir, d'après l'ordre, assurait-il, que lui en avait donné cette ombre. Pour prouver ces faits par un autre plus singulier encore, voici une déclaration qu'en qualité de membre de l'assemblée provinciale du nord, j'ai reçue d'un matelot blanc. Il nous fut rendu avec douze autres prisonniers en 1790, par suite d'une trève conclue entre le commissaire civil Mirbeck et l'armée de Jean-François. Cette trève fut proposée en pleurant par le fameux Toussaint Louverture, créé grand homme à la voix de Sontonax et de Lavaux, et confirmé tel, en dépit de la nature, par le Directoire.

Louis, chasseur du quartier de la Grande-Rivière, tirait supérieurement un coup de fusil ; un Nègre de la côte, plein de foi dans un sortilége acheté, lui dit un jour devant ce ma-

telot : « Tu es bien adroit, tu ne man-
« ques jamais ton coup; mais j'ai un
« *ouanga*, et je te défie de m'at-
« teindre à vingt pas. » Louis accepte
le défi; le malheureux s'entoure les
reins d'une peau de lapin, et attend
sans le moindre effroi le coup qui l'é-
tend roide mort devant la porte de
l'habitation même où cette scène se
passait.

Il n'en faut pas davantage, ce me
semble, pour caractériser l'état d'incivilisation, de désordre et de misère
où végète aujourd'hui, comme alors,
cette population. L'esclavage de fait
qui la tourmente sans aucune des
compensations de l'esclavage légal
qu'elle a connu jadis, est le pire de
tous les états de la société; car c'en
est la véritable dissolution. Jadis du
moins, les Nègres avaient tous une existence assurée; malades ou bien por-

tans, vieux ou infirmes, ils étaient indistinctement soignés par leurs maîtres, non pas seulement par humanité, mais par intérêt. Placés ainsi sous la meilleure des cautions, leur vie s'écoulait sans inquiétude et sans embarras. Pour un être aussi insouciant, aussi imprévoyant que le Nègre, le plus cruel des jougs est la nécessité de pourvoir à son existence : aussi se sentait-il rassuré par la servitude qui l'y dérobait ; l'isolement où se trouvent en Europe tant de journaliers, le dénument, l'embarras mortel où les met une maladie de quinze jours seulement, n'existèrent jamais aux Colonies. La misère et la mendicité s'en trouvaient heureusement bannies par le fait même de l'esclavage. On n'y connaissait pas ces hommes dévorés de maladies, de plaies ou de vermine, que tant de besoins placent si près du crime, espèce dangereuse, qu'aguerrit contre la crainte des lois la rigueur même de son existence. On n'y voyait point surtout ce que la France, à plusieurs époques, m'a montré de plus hideux: je veux parler des chasses que la police, effrayée du nombre de ces malheureux, leur donnait de temps en temps, pour les jeter ensuite dans des cloaques appelés dépôts, et préserver la société des craintes qu'ils inspirent. Non, ce n'était ni dans la mendicité, ni dans ces horribles lieux que l'esclave infirme trouvait un asile. L'âge de l'impuissance et des douleurs une fois venu pour lui, sa vie conservait encore un prix, en ce qu'elle se liait par des affiliations et par des liens de famille à l'ensemble d'une grande propriété : cela est si vrai que l'inventaire d'une habitation portait comme une valeur réelle, sauf la différence de l'estimation, l'esclave infirme, comme l'esclave dans toute la force de l'âge.

A ces résultats de l'esclavage, tel qu'il existait dans les Colonies, opposons maintenant le tableau du Pandemonium de Saint-Domingue; qu'y verrons-nous? Toutes les misères, tous les vices, tous les crimes, tous les fléaux réunis, et la force, toujours arbitre des droits qu'elle se crée elle-même, décidant de tout. Ce n'est plus d'un maître que le Nègre est esclave aujourd'hui : il l'est de quiconque a un rang dans la horde appelée ridiculement l'armée : il a autant de maîtres enfin, qu'il existe de sabres, de fusils ou d'instrumens de mort. Parrain, filleul, compère ou allié du chef, ces titres sont le meilleur patrimoine reconnu; ils confèrent à la fois et un droit de propriété et un privilége d'"impunité. Là, rien n'est arrêté, rien n'est prévu; tout est soumis aux volontés mobiles de quelques chefs, dont la puissance se subdivise à l'infini, toujours pour nuire, et jamais pour protéger ou pour consoler. Des exacteurs aux ordres de ces petits tyrans, qu'un jour élève et que le lendemain précipite, lui arrachent de misérables grains de café, cueillis avec effort à travers des lianes qui ont usurpé tant de belles plantations. Sans pacte social enfin, sans lois, sans tribunaux, sans police, toujours sous la verge ou le bâton, vêtu de l'ardeur du soleil, nourri seulement de patates et de bananes venues presque spontanément, le Nègre pleure aujourd'hui, sur cette terre désolée, l'absence des Blancs qu'il égorgea par l'impulsion d'autrui. C'est ainsi que le Caraïbe, autre grand enfant comme lui, pleure le soir le hamac qu'il a vendu pour un verre de tafia. Il trouvait jadis à l'hôpital du pain, du bouillon, des médicamens et une garde ; il n'a pas même aujourd'hui une hutte. Les médecins qu'il s'est donnés, ainsi qu'il se donne des dieux en Afrique, sont un autre fléau, en ce qu'ils tourmentent à la fois son corps et son imagination. Un de ces malheureux se casse-t-il une jambe, on la couvre de la peau d'un chat dont il boit le bouillon, par ordre de son sorcier. Telle Négresse, un peu plus cossue que les autres, a-t-elle la fièvre, la commère qui s'en empare prétend qu'elle ne guérira pas, à moins qu'à l'instant même où l'accès la prend, elle ne tourne le talon de ses pantoufles du côté de l'église. Un enfant tombe-t-il malade, il n'obtiendra du secours que lorsque le coq rouge de la Savane aura chanté. Un malade gisait sur la natte où l'avaient jeté les ordonnances de Jeannot; celui-ci lui persuade réellement qu'il va mourir pour la seconde fois, puisque lui Jeannot l'a déjà ressuscité, et le malade de répondre naïvement : « Je crois « m'en souvenir, mais je n'ai pas tant « souffert la première fois que je suis « mort. »

Avant 1789, j'avais vu maintes fois j'en conviens, des Nègres porter une demi-gourde au bon père (le curé), dans l'espoir de retrouver un cochon perdu. Quelques-uns de nos esclaves, désolés de ne pouvoir enterrer leurs parens qu'avec la croix de bois, obtenaient aussi de moi de quoi les faire enterrer avec la croix d'argent, parce que ce respect pour les morts, quoique mêlé de superstition, ne partait pas d'un mauvais principe; mais un abrutissement tel que je viens de le peindre, vient uniquement de l'absence des Blancs qui les en avaient préservés jusque-là. Hélas! oui, Saint-Domingue n'est depuis long-temps qu'une nouvelle Guinée, où tous les vices de la corruption, mêlés aux maux de l'ignorance et de l'incivilisation, pèsent sur la population d'un poids intolérable. On ne connaît sur aucun point du globe un peuple plus à plaindre.

ÉRUPTION DE L'ETNA.

La lettre suivante, écrite par un officier anglais qui se trouvait en Sicile, contient des détails curieux sur la dernière éruption du mont Etna.

Messine, 24 avril 1809.

Le 27 mars, à six heures du matin, une immense quantité de cendres noires qui s'élevèrent de la montagne en forme de nuages, et qui se dirigèrent sur cette ville, distante de l'Etna de cinquante milles, annonça une prochaine éruption de ce volcan célèbre. Ces cendres, apportées par un violent coup de vent, tombèrent avec une telle profusion qu'on en recueillit plusieurs chariots dans les rues et sur les toits des maisons. Elles ressemblaient à de la poudre à canon, tellement qu'un soldat irlandais qui était dans la citadelle, se mit à crier : « Le vent a « ouvert les portes des magasins, et « toutes les poudres entourent les ba- « raques. »

Bientôt après que le jour eut paru, un épouvantable mugissement, qui se faisait entendre du côté de la montagne, répandit une alarme générale parmi les habitans de ces contrées. Ignorant jusqu'où et de quel côté les désastres pourraient s'étendre, plusieurs personnes abandonnèrent leurs maisons. A l'affreux bruit qui s'était fait entendre, succéda immédiatement une furieuse éruption de cendres qui sortirent du grand cratère, et qui, formant d'épaisses nuées, s'amoncelèrent sur la contrée. La détonation fut si violente, que les matières, vomies par le cratère, furent lancées à plusieurs milles contre le vent qui était extrêmement fort.

Le soir, une éruption de laves succéda à celle des cendres, et un terrible fleuve descendit la montagne, à une distance de trois milles, où il se divisa en deux branches.

Ce volcan alors s'apaisa jusqu'au lendemain matin, où une nouvelle éruption se fit sentir avec plus de fureur encore que la première. La lave descendit avec impétuosité jusqu'à Monte-Negro, et en peu d'heures elle parcourut plusieurs lieues, passant à travers les champs et les bois. Jusqu'ici aucun guide n'avait été assez courageux pour conduire les voyageurs curieux près du lieu de l'éruption, à cause des monceaux de cendres et de bitume que l'on rencontre à chaque pas, et qui menacent la vie de tous ceux qui ont l'imprudence de s'en approcher. Cependant, deux heures après la première alarme, un de ces guides a eu la témérité de s'approcher au pied de l'Etna. Cette éruption a formé une rangée de cratères occupant un espace d'à peu près deux milles, formant avec les autres une ligne irrégulière, et courant dans une direction nord-est de la cime de la montagne.

Au milieu d'un bois de sapins et de chênes dépouillés, est un précipice d'une immense étendue, qui renferme douze cratères ou bouches; deux de ces cratères brûlent continuellement, et les autres par intervalles. Ils produisaient un bruit semblable à celui de plusieurs milliers de canons; de leurs flancs sortaient la flamme et des quartiers de roc qui tombaient en pluie, et sous diverses formes, le long de la montagne, après avoir été lancés à près de mille pieds d'élévation.

Les cratères principaux que j'ai cités plus haut formaient le principal objet de cette scène redoutable et magnifique; leurs deux éruptions se réunissaient et formaient une colonne de feu de plus de cent verges de large: de cette colonne s'échappaient des pierres de lave qui retombaient avec fracas.

Au milieu de la ligne des cratères, il en était un qui paraissait plus animé que tous les autres, et qui faisait les plus dangereuses décharges. Des quartiers de roc très-considérables tombèrent à deux pas de nous à deux fois différentes, et nous faillîmes devenir victimes de notre curiosité. Je pense que la lave coulait seulement des deux principaux cratères; car elle arrivait dans leur direction, et semblait les séparer des autres. Cette bouillante matière formait un fleuve d'un demi-mille de large. Après avoir mis le feu à un bois qu'elle rencontra, elle poursuivit sa course destructive, brûlant, dispersant tout ce qui se trouvait sur son passage, jusqu'à six milles environ du double cratère. Là, elle se divisa en deux branches, dont la principale prit sa direction vers la maison de monsieur le baron de Carri. Arrivée à deux cents verges de cette maison, la lave entra dans un chemin creux qui faisait concevoir l'espoir de voir interrompre son cours; mais elle s'amoncela et força le chemin, franchissant le petit ravin qui devait la contenir. L'autre branche prit la direction de Lingua-Grossa, et arriva très-près de la maison de monsieur le baron de Cagnone. Les habitans de

Lingua-Grossa étaient remplis de crainte et d'effroi pour leurs propriétés, lorsque l'éruption cessa.

Le fleuve de feu qui n'était plus alimenté par le cratère, se sépara alors en plusieurs branches formant de petites îles; la matière coula avec plus de lenteur, s'épaissit et prit de la consistance.

Je ne puis donner une idée juste de la lave; je n'ai rien pu distinguer de la partie fluide : cependant elle doit être très-liquide ; elle coule avec facilité, et sa surface paraît légère. Je pense qu'elle peut parcourir quatre milles à l'heure.

La nuit, la vue de l'éruption et du fleuve de lave était un spectacle qui remplissait l'âme d'une grande terreur. Les pierres qui sortaient des cratères jetaient une clarté blanche qui faisait ressortir la teinte rouge des flammes.

Lorsque la montagne et la vallée furent couvertes par cette pluie de pierres, on aperçut, pendant quelque temps, un vaste champ d'étoiles et de paillettes brillantes. Des arbres en feu ajoutaient encore à ce spectacle. On entendait les cris de plusieurs milliers d'oiseaux qui fuyaient de la montagne. La lave était un feu infernal bigarré de rouge et de noir, offrant un horrible contraste avec la profonde obscurité de la nuit. Là, roulait une avalanche de feu; ici, se déployaient des montagnes flottantes, couronnées de forteresses imaginaires. Tout le pays au delà de Lingua-Grossa, de Pie-Monte, est maintenant couvert de cendres. Beaucoup de terres ont été brûlées et détruites par la lave.

Pendant ce désordre de la nature, les Siciliens n'ont témoigné aucune espèce de curiosité ni de crainte. Le baron de Carri, lui-même, dont la maison courait le plus grand danger, rejeta avec une obstination superstitieuse, pendant long-temps, la proposition de plusieurs officiers anglais, de soustraire ses objets les plus précieux à la dévastation qui menaçait ses propriétés : « Non, non, répondit-il ; il en sera ce que Dieu voudra. » Cependant les conseils qu'on lui donnait prévalurent, et il consentit à emporter une grande quantité d'effets ; mais lorsque la lave fut arrivée à deux cents verges de son habitation déserte, l'éruption cessa à la grande joie des habitans, qui attribuèrent ce bienfait au mérite et à l'intervention de leurs Saints, dont les images étaient apportées de Castiglione (éloigné de plus de trois milles) en procession, pendant les progrès de cette calamité, et placées au milieu d'une multitude de pauvres gens, à l'endroit le plus près du feu. La procession était composée d'habitans des deux sexes, misérables et déguenillés, remplisant l'air de leurs cris et de leurs lamentations, se frappant la poitrine, s'arrachant les cheveux, et se donnant des coups de fouets, tandis que les prêtres qui les accompagnaient invoquaient tous les Saints, et les conjuraient de les délivrer de leurs afflictions. Sur leur chemin ils s'arrêtèrent à la maison de M. Carri; le curé monta sur le balcon, et fit un court sermon en accompagnant ses paroles des gestes les plus expressifs. Il leur dit que l'éruption qui avait lieu était une punition du Ciel, pour leurs nombreuses fautes, et qu'il fallait qu'ils réparassent par la pénitence une si mauvaise vie. Chaque pause de ce discours était interrompue par des soupirs et des larmes; les spectateurs se frappaient à coups de fouets, et donnaient les preuves de la plus grande désolation. Je ne fus jamais plus affecté par aucune scène de désastres publics.

Quel mortel osera maintenant penser qu'il respire sans l'assistance divine? Combien de réflexions font naître les effets d'un furieux volcan! Quelle douleur profonde éprouve l'homme qui voit en un moment ses propriétés, les champs qu'il habite dévastés par un affreux bouleversement! Les autres fléaux de la terre sont passagers. La fertilité succède à la disette; les maux produits par la guerre disparaissent avec le temps; mais les générations futures auront toujours sous leurs yeux les noirs et stériles rochers qui ont remplacé la terre natale de leurs infortunés aïeux.

LES TROIS POISSONS D'OR,

CONTE.

Un bonhomme avait une fois trois petits poissons d'or, les plus jolis du monde. Ils les avait mis dans un petit étang dont l'eau était bien limpide, et il avait grand plaisir à les voir. Souvent il se mettait sur le bord, et leur jetait des mies de pain, que les jolis petits poissons venaient chercher et dévorer avec avidité.

« Petits poissons, petits poissons,
« leur disait-il, si vous voulez toujours
« vivre heureux comme à présent,
« prenez garde à deux choses : la pre-
« mière, de ne pas passer la grille qui
« communique avec le grand étang

« voisind e celui-ci ; la seconde, de
« ne pas nager à la surface de l'eau
« quand je ne suis pas près de vous. »

Les petits poissons ne le comprenaient pas. « Je vais bien le leur faire comprendre, » dit-il ; et il se plaça auprès de la grille. Lorsque l'un d'eux y venait, il agitait l'eau avec une baguette, l'effrayait, et le faisait retourner ; il en faisait autant quand ils se hasardaient à la surface de l'eau, et il les forçait ainsi à regagner le fond.

« A présent, dit-il, j'imagine qu'ils m'ont bien compris. » Et il retourna chez lui.

Les trois petits poissons se rassemblèrent, hochèrent la tête, et ne pouvaient pas comprendre pourquoi le bonhomme voulait les empêcher d'aller à la surface de l'eau, ou de passer par la grille.

« Il est pourtant là-haut lui-même,

« dit l'un d'eux : pourquoi ne nous
« éleverions-nous pas un peu sur
« l'eau? — Et pourquoi nous renfermer
« ainsi? dit le second. Quel mal peut-
« il y avoir à aller de temps en
« temps nous promener dans le grand
« étang ?

« C'est sûrement, reprit le premier,
« un homme dur, qui ne nous aime
« pas, et qui ne veut pas nous laisser
« nous divertir.

« Je m'en soucie fort peu, répartit
« le second; je veux entreprendre une
« promenade dans le grand étang. — Et
« moi, dit le premier, pendant ce
« temps-là, j'irai jouer au soleil à la
« surface de l'eau. »

Le troisième seul était assez sage
pour se dire à lui-même : « Le bon-
« homme a sûrement ses raisons pour
« nous avoir fait ces défenses. Il est
« certain qu'il nous aime, et qu'il ne

« demande pas mieux que nous nous
« amusions ; car, pourquoi viendrait-
« il si souvent nous jeter du pain, et
« montrerait-il tant de joie quand
« nous le mangeons ? Non ; ce n'est
« pas sûrement un homme dur, et je
« veux faire ce qu'il désire, quoique
« je ne sache pas pourquoi. »

Le bon petit poisson resta ainsi au fond de l'eau, et les autres firent ce qu'ils avaient dit. L'un passa à travers la grille dans le grand étang, et l'autre alla jouer au soleil à la surface de l'eau. Tous les deux se moquaient de leur frère qui se privait de ces plaisirs. Mais qu'arriva-t-il ? L'un était à peine entré dans l'étang, qu'un brochet sauta sur lui, et l'avala. Un oiseau de proie aperçut l'autre, qui se jouait à la surface de l'eau, fondit sur lui, et le dévora.

Il ne resta plus que le petit poisson

sage et obéissant. Le bonhomme se réjouit de sa docilité, et lui apporta tous les jours à manger. Il vécut heureux et tranquille jusqu'à une grande vieillesse.

ANECDOTES

SUR

MADAME DE POMPADOUR.

Un ami de M. de Marigny (frère de madame de Pompadour), entrant un jour chez lui, le trouva brûlant des papiers. Prenant un gros paquet qu'il allait jeter au feu : « C'est, dit-il, « un journal d'une femme de chambre « de ma sœur, qui était fort aimable; « mais tout cela est du rabâchage : « *Au feu!* Et il s'arrêta, en disant : « Ne trouvez-vous pas que je suis ici « comme le curé et le barbier de Don « Quichotte, qui brûlent les ouvrages « de chevalerie ? — Je demande grâce

« pour celui-ci, dit l'ami ; j'aime les
« anecdotes, et je trouverai sans
« doute quelque chose qui m'intéres-
« sera. — Je le veux bien, répliqua
« M. de Marigny, et il le lui donna. »

La femme de chambre de madame de Pompadour, qui a écrit ses Mémoires, s'appelait madame du Hausset ; elle était femme de condition, et c'est à la sollicitation d'une de ses amies qu'elle écrivait chaque jour ce qu'elle voyait et ce qu'elle entendait de plus remarquable. Le ton de simplicité et même de négligence dont elle raconte beaucoup de petits détails, peu dignes d'être conservés, annoncent de la bonne foi sans aucune prétention à l'effet.

On trouve dans ces Mémoires une foule de détails inconnus sur la vie privée de Louis XV, sur l'extrême crédit de sa maîtresse, sur la manière dont elle en usait, et sur celle dont les affaires étaient conduites ; ils répandent d'ailleurs du jour sur les causes plus ou moins éloignées qui ont enfin produit, sous le règne du successeur de ce monarque, une décadence de l'autorité royale et de la considération publique pour le souverain.

Nous allons en extraire quelques passages qui nous paraissent propres à amuser une grande partie de nos lecteurs.

« J'ai été long-temps, dit madame
« du Hausset, auprès de madame de
« Pompadour, et ma naissance me
« faisait traiter avec un peu de dis-
« tinction par elle et par des personnes
« considérables qui me prirent en af-
« fection. J'étais devenue en peu de
« temps l'amie du docteur Quesnay,
« médecin de madame de Pompa-
« dour, qui venait souvent passer

« deux ou trois heures avec moi.

« M. de Marigny avait reçu quel-
« ques services de moi, dans les que-
« relles assez fréquentes du frère et de
« la sœur; et il avait pris de l'amitié
« pour moi. Le roi avait l'habitude de
« me voir, et un accident particulier
« l'avait rendu familier avec moi; il
« ne se gênait point pour parler quand
« j'entrais dans la chambre de ma-
« dame ; je ne quittais presque point
« son appartement, et je passais les
« nuits auprès d'elle..... Madame,
« quand j'étais seule avec elle, me
« parlait de plusieurs choses qui l'af-
« fectaient, et me disait : *Le roi et moi*
« *comptons si fort sur vous, que nous*
« *vous regardons comme un chat, un*
« *chien, et nous allons notre train*
« *pour causer.*

« Il y avait un petit endroit près de
« la chambre de madame, qui a été

« depuis changé, où elle savait que je
« me tenais quand j'étais seule, et
« l'on entendait ce qui se disait pour
« peu qu'on élevât la voix.

« Madame de Pompadour avait eu
« beaucoup de goût pour l'abbé de
« Bernis; elle s'en dégoûta bien vite,
« lorsque l'abbé, devenu cardinal et
« ministre, parut avoir perdu la tête.

« Il en donna une preuve assez
« singulière la surveille de son ren-
« voi; il avait prié plusieurs personnes
« considérables à un nombreux festin
« qui devait avoir lieu le jour même
« qu'il reçut sa lettre d'exil; et il avait
« mis dans les billets d'invitation :
« *M. le comte de Lusace en sera.*
« C'était le frère de madame la dau-
« phine, et cette phrase fut avec rai-
« son trouvée impertinente. Le roi
« dit fort bien, à cette occasion :
« *Lambert et Molière en seront.*

« Le roi se plaisait à avoir de pe-
« tites correspondances particulières,
« que madame, très-souvent, ignorait;
« mais elle savait qu'il en avait, car il
« passait une partie de la matinée à
« écrire à sa famille, au roi d'Espa-
« gne, quelquefois au cardinal de
« Tencin, à l'abbé de Broglie, et
« aussi à des gens obscurs. C'est avec
« des personnes comme cela, me dit-
« elle un jour, que le roi, sans doute,
« apprend des termes dont je suis
« toute surprise ; par exemple, il m'a
« dit hier, en voyant passer un homme
« qui avait un vieil habit : *Il a là un*
« *habit bien examiné.* Il m'a dit une
« fois, pour dire qu'une chose était
« vraisemblable : *Il y a gros ;* c'est un
« dicton du peuple, à ce qu'on m'a
« dit, qui est comme, *il y a gros à*
« *parier.* Je pris la liberté de dire à
« madame : Mais ne serait-ce pas

« plutôt des demoiselles qui lui ap-
« prennent ces belles choses? Elle me
« dit en riant : Vous avez raison; *il y*
« *a gros*. Le roi, au reste, se servait
« de ces expressions avec intention
« et en riant. »

Les ennemis de madame de Pompadour l'accusaient de fournir elle-même de nouveaux objets aux fantaisies du roi. On la désignait comme la surintendante du Parc-aux-Cerfs, qu'on disait coûter des millions. Sa femme de chambre la défend contre cette accusation. « Madame, dit-elle,
« n'a jamais connu aucune des sul-
« tanes de ce sérail. Il n'y en avait au
« reste que deux en général, et très-
« souvent une seule. Lorsqu'elles se
« mariaient on leur donnait des bijoux
« et une centaine de mille francs.
« Quelquefois le Parc-aux-Cerfs était
« vacant cinq ou six mois de suite. »

Nous terminerons cet extrait par une anecdote de bal.

« A un bal pour le mariage du dau-
« phin, plusieurs femmes cherchaient
« à faire la conquête du roi; la pré-
« sidente P..... n'était pas la moins
« empressée. Le roi s'était déguisé en
« *if*, ainsi que trois ou quatre de ses
« courtisans. Il s'amusa quelque temps
« au bal, et ensuite, fatigué de son
« habillement, il rentra chez lui par
« une porte de derrière, et l'on porta
« sa mascarade chez son premier va-
« let de chambre, qui a un petit ap-
« partement dans l'antichambre du
« roi. M. de Brige, écuyer du roi, était
« son ami; il le pria de la lui prêter,
« ainsi que la clef de l'appartement.
« Il s'habilla en *if*, parut dans la salle,
« et bientôt fut fortement agacé par la
« présidente qui le prit pour le roi. Il
« ne fut pas cruel, et proposa à la

« dame de le suivre chez son premier
« valet de chambre. La présidente s'y
« rendit. Il n'y avait point de lumière,
« parce qu'il avait eu la précaution de
« l'éteindre. L'écuyer prodigua les
« promesses à la présidente, la pressa
« vivement, et elle crut avoir rendu
« le roi heureux. En sortant, elle vit
« le roi qui traversait l'Œil-de-Bœuf,
« vêtu à l'ordinaire; et l'*if*, qui don-
« nait le bras à la présidente, la quitta
« et s'évada. Elle vit qu'elle avait été
« trompée, elle fut furieuse; et ce
« n'est que long-temps après, par quel-
« ques indiscrétions, qu'elle sut, ainsi
« que moi, le nom de celui qui avait
« si bien joué le rôle du roi. C'est, au
« reste, un très-bel homme.

SUR LA COMTESSE DUBARRY,

Par M. Denis, rédacteur du Narrateur de la Meuse.

Les rédacteurs de l'article concernant la comtesse Dubarry, tant du *Dictionnaire biographique*, publié par M. Prudhomme, que de celui de M. Michaud, ont suivi, pour rendre compte de son origine, de sa jeunesse, et de son élévation, de faux documens. Nous pouvons, mieux que personne, relever les erreurs, puisque nous avons copié l'acte de naissance de cette femme, sur les registres de la mairie de Vaucouleurs, puisque nous avons eu en main les papiers de sa famille, et que nous connaissons une de ses cousines germaines, dame fort estimable.

D'abord, on suppose dans la *Biographie universelle* que Vaucouleurs, par un jeu du hasard, a donné naissance à deux femmes dont l'une fut l'appui, et l'autre la honte du trône (*Jeanne d'Arc* et *Marie Vaubernier*, comtesse Dubarry). Or, on sait que Jeanne d'Arc naquit à Dom-Remy, et on va voir quel était le vrai nom de famille de madame Dubarry. Dans le *Dictionnaire universel*, *historique*, *critique*, etc., on fait naître cette dernière en 1744; on la rend fille d'un commis de barrières, et on la nomme *M. J. Gomart de Vaubernier*. Voici son acte authentique de naissance : « Jeanne, fille naturelle « d'Anne Bécu, dite Quantigny, est

« née le 19 août 1743, a été baptisée
« le même jour, a eu pour parrain Jo-
« seph Demange, et pour marraine
« Jeanne Birabin, qui ont signé avec
« moi, L. Gahon, vicaire de Vau-
« couleurs; Joseph Demange; Jeanne
« Birabin. »

Nous portons trop de respect aux mœurs publiques pour désigner l'état de la personne que la renommée donne pour père à madame Dubarry, et pour exposer les déréglemens de sa mère. Nous ne jetterons pas même les yeux sur les hideuses caricatures qu'on a faites de notre héroïne qui, soit dit en passant, n'eut jamais de liaison avec la Gourdan, comme on l'a prétendu. *Les Anecdotes sur la comtesse Dubarry*, petit livre très-piquant, qu'on croit sorti de la plume caustique de Pidanzat de Mairobert, mais que M. Barbier attribue à Morandes, et d'autres pamphlets de ce genre, ont été les faux guides de nos biographes. Ce Morandes est l'auteur des *Mémoires secrets d'une Femme publique*, dont l'impression, commencée en Angleterre, n'a pas été achevée, l'éditeur ayant accepté 500 guinées et une rente viagère que lui offrit la comtesse par l'entremise de Beaumarchais, pour la suppression de l'ouvrage.

Madame Dubarry avait environ six ans quand elle quitta Vaucouleurs, appelée à Paris par sa mère qui était alors cuisinière chez une demoiselle Thérèse. Un de ses oncles, cocher chez le maréchal d'Estrées, en prit soin : elle fut ensuite reçue dans une communauté religieuse, faubourg Saint-Germain, où elle fit sa première communion. La demoiselle Thérèse, qui vivait avec un financier nommé Billard (qu'on a faussement donné pour parrain et protecteur à madame Dubarry), fournissait aux besoins de la jeune et belle Jeanne Bécu. Elle la mit chez une marchande de modes, madame Mabille, rue Neuve-des-Petits-Champs.

Dans l'intervalle, la mère de madame Dubarry épousa un nommé Ranson, garde aux barrières à Paris. Elle reprit sa fille ; celle-ci logeait avec elle rue Bonne-Nouvelle, quand son père (Gomard) se présenta pour la voir et lui être utile. Un coiffeur qui demeurait dans la même maison, ensuite un marchand déjà âgé, devinrent amoureux de la jeune fille; on la leur refusa en mariage. Madame Dubarry fut introduite par son père qui la faisait passer pour sa nièce, chez madame de L. G**** qui la prit en affection, lui donna des maîtres et eut à se louer de sa conduite. En quittant l'hôtel de cette dame, brouillée avec M. Gomard à qui elle avait fait un petit larcin par le honteux conseil de sa mère, elle revint chez celle-ci. Sa beauté, son maintien, son esprit firent bientôt du bruit. Alors la femme Ranson, intéressée autant qu'immorale, mit la jeune personne entre les mains du comte Dubarry, moyennant une rente viagère de 900 francs au profit, non de la fille mais de la mère. Ici commencent les intrigues de la comtesse, titre que lui donna un mariage pour la forme, avec le comte Dubarry, et qu'il lui fallait pour paraître à la cour avec les convenances d'étiquette.

Nous aurions pu donner la généalogie de cette femme, et dans l'histoire de ses ancêtres montrer quelques aventures vraies, quoique romanesques; nous pourrions encore la suivre dans sa vie publique et privée; mais il suffit d'avoir rétabli les faits antérieurs à son apparition dans le grand monde.

TOUR JOUÉ,
PAR LE BOUFFON GONNELLA,
A UN ABBÉ RICHE ET AVARE.

Nouvelle traduite de l'italien de Pietro Fortini.

GONNELLA, étant un jour venu à Naples, alla saluer le roi Robert. Ce prince et ses barons, le connaissant bien, ne voulurent lui faire aucune libéralité, s'il ne parvenait auparavant à obtenir quelque présent d'un abbé napolitain, très-riche et très-avare. Ils savaient que jusqu'alors personne n'avait pu obtenir de lui un verre d'eau. Gonnella ne refusa pas la proposition. Il sut où demeurait cet abbé; et, formant aussitôt son plan, s'affubla du costume indigent d'un pèlerin.

Prenant congé du roi et des barons, il leur dit : « Je me dispose à vous obéir ; je vais où vous me commandez d'aller, et je risque l'aventure. » Il se mit en chemin ; et, arrivé à la porte de l'abbaye, demanda l'abbé, en disant qu'il avait grand besoin de lui parler. Le portier alla trouver l'abbé, et lui dit : « Il y a un pèlerin à la porte, qui prétend avoir grand besoin de vous entretenir. » L'abbé, à ces mots, répondit : « C'est quelque pauvre diable qui demande l'aumône. » Alors il se rendit à l'église, en ajoutant : « Dis-lui qu'il vienne vers moi. » Le pèlerin se rendit prés de lui ; et, s'agenouillant, le pria de vouloir bien le confesser. L'abbé répondit qu'il lui donnerait quelqu'un de ses moines qui le confesserait ; mais le pèlerin répliqua : « Père saint, je vous prie en grâce de me confesser vous-même, parce que j'ai à révéler un péché si grand, que je ne peux le confier qu'à un prêtre supérieur en dignité à un moine. Rendez-vous à ma prière, je vous en conjure, pour l'amour de Dieu. » L'abbé, l'entendant parler ainsi, résolut d'accéder à ses instances; il désirait connaître ce péché si grand, et il lui dit d'attendre un peu. Quelques instans après, il revint de sa chambre, vêtu d'une belle robe, liée de cordons de soie, et suivi de plusieurs moines. Alors s'asseyant sur un des siéges du chœur, il dit au pèlerin d'approcher de lui. Celui-ci se hâta d'obéir, et s'étant mis aux pieds de l'abbé, commença sa confession. Il hésitait à nommer son grand péché, tant il craignait, disait-il que Dieu ne le lui pardonnât pas. L'abbé, selon l'usage, le réconforta et l'encouragea. Alors le pèlerin lui dit : « Monsieur l'abbé, je suis d'un naturel si pervers que souvent je deviens loup, et si enragé que je déchire à belles dents aussitôt tous ceux qui m'approchent. Je ne sais d'où cela vient. Je dévore alors un homme tout armé, comme s'il était nu : cela m'est arrivé très-souvent ; et quand je vais devenir loup, je commence à hurler et à trembler fortement. » L'abbé fut très-effrayé et changea de couleur. Gonnella, qui avait des yeux d'argus, s'en aperçut bien, et commença aussitôt ses tremblemens et ses cris. « Ah ! ah ! » disait-il, « je commence à devenir loup ; » et il ouvrit la bouche comme pour mordre l'abbé. Celui-ci, tout effrayé, se leva, et s'enfuit vers la sacristie. Le pèlerin s'était saisi de la robe, et comme il ne la quittait pas, l'abbé défit les cordons, la lui abandonna, et s'enferma. Les autres religieux s'étaient déjà dispersés çà et là par frayeur. Le pèlerin mit la robe sous ses habits, et courut promptement à la cour. Là, ayant quitté subitement ses haillons, il se présenta devant le roi et ses barons, et leur apprit ce qui venait de se passer. Le prince et ses courtisans éclatèrent de rire, applaudirent à l'adresse de Gonnella, et lui firent de grandes largesses. Quand ce tour fut connu dans la ville, Gonnella se remit en route. L'abbé, rempli de terreur aussi-bien que ses moines, crut que très-certainement l'ennemi de Dieu était venu sous la forme d'un pèlerin châtier son avarice. Il en parla dans ce sens à plusieurs personnes, de sorte que le roi en eut connaissance. Ce prince le fit venir, et lui demanda si ce qu'on lui avait dit était vrai. L'abbé lui confirma la vérité du récit, attesta de rechef que c'était le diable, et finalement soupira de douleur d'avoir perdu sa robe. Le roi et ses barons, qui étaient instruits de la vérité, ne s'en amusèrent que plus à ses dépens, et je crois qu'à la fin l'abbé lui-même connut la supercherie; car il évita de parler davantage de sa mésaventure.

L'AMOUR CONJUGAL.

Il était deux heures du matin ; le réverbère suspendu au milieu de la cour allait s'éteindre. Je me retirais du côté de mon appartement, lorsque je crus entendre quelque bruit au grand escalier. Je criai deux fois : « *Qui êtes-vous ? Que faites-vous là ?* » Une voix douce et touchante me répondit : « *C'est moi; vous voyez bien que je l'attends.* » Comme je n'étais pas celui qu'on attendait, j'allais continuer mon chemin, lorsque la même voix me dit : « *Ecoutez donc et ne faites point de bruit.* » Je m'approche ; et, près de la dernière marche, derrière le pilier, j'aperçois une jeune femme vêtue de noir, avec une ceinture blanche et les cheveux épars : « *Ecoutez*, me dit-elle en me prenant la main ; *je ne vous fais pas de mal ! hé bien ! ne m'en faites pas. Je suis dans un petit coin, on ne peut pas m'y voir. Cela ne nuit à personne... ne le lui dites pas. Qu'il ne le sache jamais ; bientôt il descendra : je le verrai, et je....* » A chaque mot ma surprise augmentait. Je cherchais à voir ce qui pourrait me faire reconnaître cette infortunée. Sa voix m'était aussi inconnue que ce qu'il m'était possible d'apercevoir de son extérieur. Elle continuait à me parler ; mais ses idées se confondaient, et je ne voyais plus que le désordre de sa tête, et les peines de son cœur ; je l'interrompis, et je cherchai à la ramener à une autre situation. « Si quelqu'un vous avait vue sur cet escalier.... — *Ah !* me dit-elle, *je vois bien que vous n'êtes pas au fait ; il n'y a que lui qui soit quelqu'un, tout le reste n'est rien; et quand il s'en va, il ne fait pas comme vous; il n'écoute pas tout ce qu'il entend. Il n'entend que celle qui est là-haut: cela ne durera pas.* » En disant cela, elle sortait un médaillon qu'elle baisait avec transport..... Dans ce moment, nous vîmes une porte s'ouvrir, et un laquais tenant une lumière, au haut de la rampe, me fit distinguer un jeune homme qui descendait légèrement. Appuyée près de moi, sa malheureuse victime tremblait de tout son corps; à peine nous eut-il dépassé, que ses forces achevèrent de l'abandonner. Elle tomba sur la dernière marche du pilier qui nous cachait; je voulais appeler du secours, la crainte de la compromettre me retint; je la pris dans mes bras, elle était sans connaissance. J'avais un flacon de sel d'Angleterre, je le lui fis respirer ; elle parut se ranimer un peu ; je tenais ses deux mains dans l'une des miennes; de l'autre, je soutenais sa tête ; à mesure qu'elle revenait à elle, les nerfs lui faisaient éprouver des battemens convulsifs. Deux fois je l'entendis soupirer : sa poitrine était oppressée. Les sons qu'elle formait s'éteignaient par la douleur. Enfin, après un moment de silence que je n'osais interrompre : « *Ecoutez*, me dit-elle, *je le sens, j'aurais dû vous prévenir ; l'accident qui vient de m'arriver vous aura inquiété, car vous êtes bon. Vous avez eu peur, et je ne m'en étonne pas : j'étais comme vous, j'avais peur quand cela m'arrivait. Je croyais que j'allais mourir, j'en étais au désespoir; cela m'aurait ôté les moyens de le voir, et c'est tout ce qui me reste; mais j'ai découvert que je ne peux pas* mourir. Tout à l'heure, quand il a passé, je me suis quittée pour aller à lui..... S'il mourait, je mourrais aussi ; sans cela, cela est impossible. On ne meurt que là où l'on vit, et ce n'est pas moi qui existe. Il y a quelque temps que j'étais folle, et cela ne vous étonnera pas ; c'était alors qu'il commençait à monter cet escalier. J'ai fait tout ce que j'ai pu faire dans le désespoir : tous ces moyens m'ont manqué, et c'était simple ; je ne pouvais pas mourir. Maintenant ma raison est revenue : tout va et vient ; elle est de même..... Elle est dans ce médaillon..... Vous le voyez, c'est un portrait ; mais ce n'est pas celui de mon ami. A quoi bon ? il est bien, il ne peut pas être mieux ; il n'y a rien à faire, rien à changer..... Si vous saviez de qui est ce portrait !..... C'est celui de celle qui est là-haut. La *cruelle! que de mal elle m'a fait depuis qu'elle s'est approchée de mon cœur! Il y était content, il y était heureux..... Elle a tout dérangé, tout brisé, tout détruit. Tourmentée de l'excès de ma douleur, je courais partout le jour et la nuit..... Une fois, oh oui! je m'en souviens, il m'arriva d'entrer seule dans la chambre de mon ami. Hélas! il n'y était plus. Je vis ce portrait sur la table, je le pris, et je me sauvai...»* En achevant ces mots, elle se mit à rire; puis elle parla de promenades, de calèches, de chevaux; et puis encore une fois toutes ses idées se confondirent. Après quelques instans elle cessa de parler. Alors je m'approchai d'elle, et je lui dis : « Pourquoi gardez-vous avec tant de soin le portrait de la méchante qui est là-haut? — Quoi! reprit-elle, *vous ne le savez pas?*

C'est ma seule espérance. Tous les jours je le prends; je le mets à côté de mon miroir, et j'arrange mes traits comme les siens. Déjà je commence à lui ressembler un peu, et bientôt, avec du travail, je lui ressemblerai tout-à-fait. Alors j'irai voir mon ami. Il sera content de moi; il n'aura plus besoin d'aller chez celle qui est là-haut; je suis sûre que je lui plairai davantage. Voyez à quoi tient le bonheur, à quelques traits qui ont cessé d'être arrangés à sa fantaisie. Que ne le disait-il? J'aurais fait ce que je fais à présent. C'était bien aisé, il nous aurait épargné bien des peines; mais sans doute il n'y a pas pensé....
Tous les soirs je viens sur cet escalier; il ne descend jamais qu'après que l'horloge a sonné deux heures. Alors, comme je n'y vois pas, je compte les

battemens de mon pauvre cœur. Depuis que j'ai commencé à ressembler au portrait, je compte quelques battemens de moins ; mais il est tard ; il faut que je me retire, adieu. » Je la conduisis jusqu'à la porte de la rue ; lorsque nous fûmes passés, elle tourna : je fis quelques pas avec elle. « *Restez,* me dit-elle, *retournez chez vous ; j'emporte une partie de votre sommeil, et je fais mal, le sommeil est bien doux quand on est heureux.* » Je n'osai l'affliger en restant davantage, et je la quittai. Cependant, dans la crainte qu'il ne lui arrivât quelque chose, je la suivis des yeux ; bientôt elle s'arrêta devant une porte, l'ouvrit et la referma sur elle. Alors je rentrai chez moi, l'esprit et le cœur également agités. Cette infortunée m'était toujours présente ; je me retraçai la cause de son malheur, et quelques regrets, quelques souvenirs se mêlèrent à mes larmes. J'étais trop vivement affecté pour espérer le sommeil ; en attendant le jour, j'écrivis ce qui m'était arrivé. Puisse ce récit intéresser les âmes sensibles !

LES DEUX ORACLES,

CONTE.

Marié depuis 15 ans à la fille d'un riche négociant de Lyon, M. Millery était lui-même à la tête d'une maison de commerce très-florissante, et coulait d'heureux jours au sein de sa famille, étranger à ces divisions de partis qui altèrent souvent les plus douces unions, et qui exaltent toujours l'esprit aux dépens des jouissances du cœur. Si l'importance de ses relations, si l'étendue de sa correspondance l'occupaient une grande partie de sa journée, il s'en dédommageait en consacrant ordinairement toutes ses soirées à sa femme et à ses enfans.

Il s'appliquait à les amuser, à les distraire, et l'ami intime qui était admis par hasard à ce cercle domestique, emportait, en sortant, l'intéressante image de tout le bonheur qu'un père de famille instruit et sensible peut goûter dans l'intérieur de son ménage.

Recommandé à M. Millery par un de ses amis d'enfance, j'avais eu l'avantage de me lier assez avec lui pour assister quelquefois à ces agréables veillées. Un soir qu'à la demande de son fils, âgé de quatorze ans, et de sa fille, âgée de douze ans, ce bon père venait de lire, avec beaucoup de chaleur et de vérité, quelques scènes de la pièce des *Deux Frères*, l'une de celles qu'on joue le mieux au théâtre, et qu'on y applaudit le plus; frappé de son talent pour la déclamation, et du goût qu'il montrait pour la littérature dramatique : « Je ne sais, lui dis-je, si je me trompe ; mais je soupçonnerais, à la manière dont vous lisez la comédie, que vous avez été passionné pour ce genre, et que vous avez même essayé de le cultiver.

— Vous ne vous trompez pas, me répondit-il ; et qui sait où m'aurait conduit le goût que j'avais à vingt ans pour la comédie, si mon amour-propre, blessé de l'affront le plus singulier, ne m'avait détourné dès lors de ce chemin hérissé d'épines, dans lequel je brûlais d'entrer ? Enflammé par la lecture des grands modèles que je savais par coeur avant la fin de mes études, je n'aspirais à rien moins qu'à marcher sur les traces des Molière, des Regnard, et à me faire comme eux un nom par mes productions dramatiques. J'ambitionnais plus encore, persuadé que l'existence, à Paris, d'un théâtre rival du théâtre Français, était aussi nécessaire aux progrès de l'art qu'utile aux intérêts des auteurs, j'avais conçu le projet que l'ingénieux Picard a exécuté depuis. Je voulais obtenir la direction d'un théâtre, et y faire jouer mes pièces concurremment avec celles de nos comiques. L'idée était neuve alors, et me semblait faite pour prospérer.

S'il n'est rien de plus vain que de faire des châteaux en Espagne, La Fontaine, qui était un sage profond sous l'apparence d'un bon homme, a dit avec beaucoup de vérité qu'il n'est rien aussi de plus doux. Je l'éprouvais alors, en me berçant des plus séduisantes chimères; l'idée que j'allais fixer sur moi l'attention de mon siècle, et celle des siècles futurs, me jetait dans un ravissement continuel. Les applaudissemens que je me flattais de recevoir un jour retentissaient d'avance à mon oreille ; et si devant moi une pièce était fortement applaudie, il me semblait déjà que j'étais l'admiration du public.

Vous concevez sans peine que, pour parvenir au but que je me proposais, je dus m'imposer d'abord le travail le plus opiniâtre. On a prétendu que, si le hasard avait présidé à la création du genre humain, on aurait vu long-temps sur la terre des générations informes et monstrueuses, des têtes, des bras, des pieds venus çà et là, sans ensemble et sans mouvement. Mes essais dramatiques présentèrent d'abord cette apparence de désordre et de confusion. Je concevais des plans qui séduisaient mon esprit, et qui avortaient sous ma plume. Telle comédie que je commençais, ne pouvait arriver qu'à la seconde ou à la troisième scène. J'abandonnais telle autre au second acte, à l'exemple du bon La Fontaine qui ne put jamais finir sa tragédie d'Achille. Quelquefois je reconnaissais, mais trop tard, que j'avais traité un sujet ingrat; et je me surprenais bâillant moi-même, à la lecture de mon ouvrage.

Avide de gloire et jaloux d'obtenir mon propre suffrage avant de rechercher celui du public, je brûlais sans miséricorde tous les fragmens qui me paraissaient indignes de moi. Mais enfin un sujet me frappa, et je sentis, à la facilité avec laquelle je le traitais, que je l'écrivais d'inspiration. Je composai une comédie en cinq actes, intitulée *l'Homme à deux Faces*. Je développai ce caractère; et, montrant tout à la fois ce qu'il a de ridicule et d'odieux, je croyais être parvenu à donner à mon ouvrage le genre de mérite que toute comédie doit avoir, celui de servir de miroir au vice pour lui faire voir sa laideur.

A peine eus-je mis au net cette production, que je rédigeai un *mémoire sur la nécessité d'établir à Paris un second théâtre Français*. J'exposai de mon mieux les avantages nombreux qui résulteraient de cette concurrence, et je présentai l'exécution de mon projet comme devant remplir le vœu de tous les amis de l'art dramatique.

Riche de mes deux manuscrits, je manifeste à ma famille la résolution que j'ai prise d'aller à Paris tenter la fortune. On veut en vain m'en détourner ; mon vieux père, qui de sa vie n'avait cultivé la littérature, veut en vain changer mes projets, et me prouver que le commerce est, de tous les états, celui qui me convient le mieux. Je ferme l'oreille aux leçons de son expérience; je pars enchanté de moi-même, et persuadé que j'allais attirer bientôt tous les yeux par l'éclat de ma renommée.

Arrivé à Paris, je parle de ma comédie et de mon mémoire. Je cherche à me faire des partisans et des prôneurs; mais je ne tarde pas à m'apercevoir que, dans cette ville bruyante où les années sont des mois, et les mois de courtes journées, ce qui absorbait mon attention effleurait à peine celle des autres. Ne désespérons pas, me dis-je pourtant ; et, pour obtenir un double succès, assurons-nous d'abord de l'opinion des deux hommes qui peuvent influer le plus en ma faveur sur la décision du gouvernement et sur le jugement du public.

Le bruit courait alors que le Ministre de qui dépendaient les théâtres, ne prenait aucune décision relative à l'art dramatique, sans avoir consulté un des chefs de division de son ministère, homme vieilli dans la poussière des bureaux, et devenu beaucoup plus important à courtiser que son Excellence elle-même. Il était essentiel pour moi de le consulter sur mon plan, et de le soumettre à sa grande capacité, avant que de le proposer au gouvernement. Je rédigeai donc de mon mieux une humble adresse à cet oracle du ministère, et je lui présentai mon manuscrit avec une confiance aveugle, annonçant que je m'en rapportais sans appel à son jugement. Le chef de division daigna laisser tomber sur moi un de ces regards protecteurs qui font rêver d'or pendant six semaines. Il serra mon rouleau dans son secrétaire, et m'invita à passer chez lui quelque temps après pour connaître son opinion.

Le même jour que j'avais fait cette démarche auprès de mon nouveau Mécène, j'en fis une pareille auprès de l'oracle de la comédie, auprès du célèbre Molé. Cet acteur, de glorieuse mémoire, que Lafond ressusciterait aujourd'hui, si ses rivaux lui laissaient la liberté de chausser le brodequin; Molé, dans l'intérieur de son ménage, était le plus simple et le plus aimable des hommes. L'amitié de sa sœur, les caresses de sa petite nièce Evélina, semblaient faire toute sa félicité. Je fus introduit auprès de lui par un ami officieux, et la manière séduisante avec laquelle il m'accueillit, me flatta singulièrement. Voilà, me dis-je, l'attribut du mérite supérieur. Molé, l'orgueil de la scène française, doit lire avec intérêt le premier essai d'un auteur comique; son opinion sera décisive pour moi : si elle m'est favorable, je ne doute plus du succès. Le public ratifiera sans peine le jugement qu'aura porté de ma comédie un acteur aussi renommé. Je lui laissai mon manuscrit qu'il me promit de lire dans la huitaine.

Le malheureux qui a risqué son argent à la loterie, ne fait pas depuis sa mise jusqu'au tirage, de rêves comparables à ceux qui me berçaient moi-même, pendant que mes deux oracles possédaient le fruit de mes veilles. J'eus quelques jours d'une félicité parfaite. L'avenir se peignait à mes yeux brillant des plus vives couleurs; il me semblait que Thalie descendait du ciel, devant moi, dans une gloire d'opéra, et me couronnait de ses propres mains.

Cependant dix jours venaient de s'écouler : c'était l'époque où je devais aller revoir mes juges. Ma visite ne fut pas longue. Le chef de division me renvoya honnêtement à la semaine suivante, et l'oracle de la comédie, bien plus honnêtement encore, à la fin du mois.

Comme je sortais de chez eux, un peu moins bercé d'illusions que la semaine précédente, un bon Lyonnais me rencontre. Instruit du sujet de ma peine, il ne cherche pas à me consoler. « Armez-vous de patience, me dit-il, vous en verrez bien d'autres. »

M. Francheville était le nom de cet honnête homme. Des affaires de commerce l'avaient appelé à Paris, où il devait passer tout au plus une quinzaine de jours. Ami de mon père, il regrettait comme lui que j'eusse déserté le commerce pour suivre une carrière ingrate. « On ne peut pas disputer des goûts, me disait-il d'un ton pénétré; mais vous rampez ici près de l'égoïsme en crédit : vous vous préparez des tourmens d'esprit qui empoisonneront toutes vos jouissances. Etranger à l'intrigue, vous essuierez des affronts qu'il vous sera imposssible de conjurer. N'attendez pas que ces funestes prédictions se réalisent. Retournez à Lyon avec moi, et que votre père ait la joie de vous voir enfin plus docile au langage de la raison. » J'avais encore trop d'espérances de réussir pour céder aux invitations de M. Francheville. Je ressentais, en l'écoutant la même indignation qu'éprouvaient Philaminte et Bélise en entendant les vertes remontrances du bon-homme Chrysale. Comme elles, j'accusais mon raisonneur d'avoir un esprit composé *des atomes les plus bourgeois*. Je croyais être d'une nature supérieure à la sienne; et je me voulais *mal de mort*, d'être un peu de sa connaissance.

Une troisième visite à mes juges me

rendit cependant moins fier. Renvoyé de nouveau par l'un et par l'autre avec une politesse affectée qui laissait percer la contrainte, je vis bien que ma personne et les manuscrits tenaient fort peu de place dans les esprits, et que je ne serais lu par mes deux oracles que le jour qu'il plairait à Dieu.

D'après le conseil de M. Francheville, je pris le parti de leur écrire que j'étais sur le point de faire un voyage; que je les suppliais de prendre la peine de me juger, que j'attendais leur décision avec autant d'impatience que de respect.

Les jours s'écoulent et aucune réponse à mes lettres ne vient consoler mon ennui. Partagé entre le dépit, l'espérance et la crainte, je me décide enfin à faire une quatrième visite à mes deux oracles muets. Je veux savoir ce que le célèbre Molé pense de ma pièce, et ce que l'administrateur daigne augurer de mon mémoire.

J'arrive à l'improviste chez le premier. « Pardon, monsieur, si je vous importune de ma présence : le mérite supérieur est indulgent; et voilà ce qui me rassure. — Ah! monsieur... mille excuses... ma réponse a tardé long-temps... j'aurais voulu vous porter moi-même la comédie que vous m'avez fait l'honneur de me confier. — J'étais impatient de savoir ce que vous en pensez, monsieur. — J'entends... vous jouez le Misanthrope, et vous croyez être en scène avec Oronte. — Monsieur... Je vous ai moi-même demandé votre manuscrit ; Alceste l'aurait refusé. — Eh bien! parlez-moi donc sincèrement. Croyez-vous que ma pièce soit heureusement conduite, que le style en soit supportable, que l'intérêt en soit bien soutenu ?... — Monsieur... il y aurait bien quelque chose à dire à tout cela... Mais, tenez ; sans entrer dans aucune discussion, suivez le conseil que je vais vous donner. Laissez dormir votre pièce dans le portefeuille... oubliez-la pendant quelque temps ; fréquentez le théâtre ; et quand vous serez familier avec la scène, relisez votre production, et soyez votre premier juge : vous verrez alors si vos entrées et vos sorties sont bien ménagées, si les caractères sont bien suivis, si vos expressions sont toutes convenables. Voici votre manuscrit : allez profiter des conseils d'un homme qui est tout à votre service. »

L'oracle venait de parler ; je sors sans oser dire un mot : M. Francheville qui m'attendait dans une voiture, à la porte de la rue, n'eut aucune peine à lire sur mon front le triste résultat de ma démarche. J'éprouvais une confusion difficile à peindre. « Eh bien ! me dit mon honnête compatriote, êtes vous satisfait ? Molé a-t-il enfin lu votre pièce ? — Ah ! ne m'en parlez pas ! — L'avez-vous retirée de ses mains ? — Oui, je la tiens ; mais sans doute il l'a jugée pitoyable. La tournure mortifiante qu'il a prise pour m'en dire son sentiment, est capable de me confondre. — Et quel était le titre de votre comédie ?... Vous gardez le silence... vous êtes plongé dans vos réflexions !... Ne puis-je pas, chemin faisant, dérouler un peu votre manuscrit ?... *Mémoire présenté au gouvernement....* — Quoi ! m'écriai-je, les yeux enflammés de colère, et jetant la main sur le manuscrit entr'ouvert : *Mémoire présenté au gouvernement !...* Aurais-je fait une méprise ?... et Molé aurait pu me jouer ainsi ! Me parler de ma comédie sans en avoir lu une seule page !... Oui, vraiment; la preuve en est plus claire que le jour. Mon infortuné manuscrit n'a pas même été déroulé... — Dissimulez votre dépit, me dit en riant M. Francheville ; nous voici à la porte du ministère. Allez visiter l'autre oracle; et, puisque vous êtes certain que, par une méprise assez comique, le manuscrit sur lequel vous le consultez est celui sur lequel Molé devait prononcer, voyez si votre second juge sera d'aussi bonne foi que le premier. Connaissez à fond les mœurs de Paris; et, si vous recevez un second affront, ayez assez de raison pour le supporter sans chagrin. »

Je descends de voiture ; et, forçant toutes les barrières, je suis bientôt en face de l'homme important que je cherchais. « Vous me voyez, Monsieur, toujours jaloux de votre suffrage, et désireux de vos conseils, venir vous demander si le mémoire que j'ai eu l'honneur de vous soumettre vous parait digne de fixer les yeux du gouvernement. — Quel mémoire, s'il vous plaît ?... — Je parle d'un mémoire sur la nécessité d'établir à Paris un second théâtre Français. Vous voulûtes bien le serrer dans votre secrétaire, et vous me promîtes de le lire avec intérêt. — Le voici justement... Ce mémoire... que je vous rends... est en effet d'un intérêt réel... mais le moment n'est pas favorable aux innovations... Je dois m'occuper bientôt d'un travail général sur cette partie. Je vous invite à vous représenter alors; nous en causerons plus à loisir. »

Etourdi de ce que je venais d'entendre, et piqué au vif de la perfidie du personnage, je n'eus pas la force de le confondre, ni la présence d'esprit de lui montrer du moins que je n'étais pas sa dupe. Je sortis du ministère assez brusquement, et j'allai rejoindre l'excellent homme qui m'attendait dans sa voiture. « Allons, partons, lui dis-je, en le serrant dans mes bras; me voilà des vôtres, et pour toujours. J'ai voulu voir... j'ai vu. » M. Francheville ne me laissa pas le temps de la réflexion; il pressa le départ, et me ramena à Lyon, où, peu de temps après, il m'accorda la main de sa fille unique. Je lui dois, comme vous voyez, tout le bonheur de ma vie; et, à l'aspect de mon ménage, vous devez avouer que je ne suis pas le seul heureux.

— Non, certes ! m'écriai-je ; tout ce qui vous entoure partage votre félicité. Mais pardonnez-moi la question que je vais vous faire... En vous dévouant au commerce, avez-vous tout-à-fait rompu avec la comédie; et votre *Homme à deux Faces* ne verra-t-il-jamais le jour?

L'âge m'a donné d'autres goûts, me répondit M. Millery. Je ne compose plus; mais je lis avec délices les chefs-d'œuvres de nos grands maîtres. Quant au caractère que j'osais esquisser il y a quinze ou vingt ans, les couleurs que j'employais alors ne seraient plus assez fortes aujourd'hui. Les Janus ont existé dans tous les âges; mais, de nos jours, les hommes de ce caractère ont ajouté masque sur masque; et, pour les jouer d'après nature, *mon Homme à deux Faces* ne suffirait plus. Je devrais étendre ma comédie, et l'intituler l'*Homme à dix Faces;* encore connais-je certains personnages qui se donnent tant de licence qu'on les voit changer de face à plaisir, et beaucoup plus souvent que l'air ne change de température. Je laisse à de plus habiles que moi le soin glorieux de les vouer sur la scène au mépris et au ridicule qu'ils méritent.

LES LARMES,

NE SONT PAS TOUJOURS UNE PREUVE DE LA BONTÉ DU CŒUR.

Je me suis toute ma vie défié, mes chers amis, de ces gens qui s'attendrissent à tout propos ; je ne puis me décider à les croire partagés de cette sensibilité des belles âmes dont je me suis formé l'idée ; je les ai vus si souvent méchans après s'être attendris, que leur sensibilité me semble plutôt une faiblesse d'organisation, qu'une qualité du cœur.

Vous connaissez comme moi madame de *Prouville* ; vous savez comme elle se récrie au récit de la plus petite égratignure que l'on aura faite à quelqu'un : parlez-lui d'un malheureux père de famille, dont la fortune est renversée, que l'on traîne dans les prisons ; de son épouse et de ses enfans en bas âge plongés dans la misère la plus affreuse; parlez-lui d'une jeune fille belle et vertueuse, qui, après avoir perdu les auteurs de ses jours, se trouve dans le besoin, exposée à toutes les séductions de l'opulence vicieuse ; vous verrez les larmes couler de ses yeux avec abondance; elle débitera de si belles choses sur les infortunes humaines, sur le plaisir pur de faire des heureux, et sur la vertu, que tout le monde la croira un ange de bienfaisance envoyé pour soulager les peines des mortels ; mais elle se borne à ces larmes, à ces déclamations stériles, et cependant madame de *Prouville* a 200,000 livres de rente.

Vous connaissez aussi la mielleuse comtesse de Berval; vous l'avez vue cent fois se trouver mal, avoir des attaques de nerfs à l'aspect d'un pauvre. Les malheurs qui affligent les hommes la font mourir en détail, dit-elle. Elle ne conçoit pas comment on peut jeter les yeux sur un être souffrant, sans avoir l'âme déchirée et sans se dépouiller pour lui. Ses vapeurs lui prennent, si l'on tue un poulet en sa présence; l'idée de la médisance, de la méchanceté, de la vengeance, de la dureté, ne peut entrer dans son âme. Elle ne conçoit pas comment on se livre si souvent à ces passions; il est si doux d'être sensible, indulgent pour les défauts de ses semblables; d'entendre les expressions de la reconnaissance et du sentiment sortir de la bouche de ceux que l'on a obligés, qu'elle s'étonne de plus en plus de voir que l'on néglige ces inaltérables jouissances. Cependant madame *de Berval* n'a jamais obligé personne; elle s'aime beaucoup, et a grand soin d'elle-même; elle ne cesse de médire; elle a fait interdire son mari, a abandonné ses enfans, et n'eut jamais d'amis; quand ses gens sont malades, elle les fait conduire à l'Hôtel-Dieu, parce que ce spectacle l'attendrirait trop.

Vous avez vu cent fois M. *de Versan*; cet homme qui sait dire et écrire des choses si touchantes; vous savez, mes bons amis, que les grands mots d'humanité, de bienfaisance, de sensibilité, sont toujours dans sa bouche et sous sa plume. Comme il aime à s'attendrir à la représentation d'une pièce intéressante, quand il est tranquillement assis dans sa loge ! Comme il savoure avec délices, en versant de douces larmes, la lecture d'un ouvrage où le sentiment est peint, quand il est fort à son aise dans sa bergère, devant un bon feu, et que son appartement est bien clos! Si vous allez le voir, vous ne pourrez résister au charme de sa conversation; il s'emparera de tous les replis de votre cœur; il le pénétrera des plus douces impressions, et vous sortirez adorant le sien. S'il vous écrit, vous relirez cent fois sa lettre, et votre âme ne pourra se refuser à l'impression qu'elle vous inspirera. M. de Versan a toujours une table très-délicatement servie, d'excellent vin : c'est au dessert qu'il faut le voir ; c'est là l'instant où sa sensibilité déborde ; sa tête s'échauffe ; avec les expressions les plus énergiques et les plus brûlantes, il peint les infortunes humaines; il déclame contre la dureté, contre les vices du siècle ; il passe en revue tous les abus ; il s'emporte sur le peu d'attention que l'on fait à la classe la plus nombreuse et la plus utile de la société, qu'on laisse périr dans l'abandon ; tous ces infortunés lui sont chers : il les porte dans son cœur; ils sont des hommes : il ferait sans hésiter le sacrifice de tout ce qu'il possède et de lui-même, pour changer leur triste destinée ; alors il sanglote, et, pour remettre ses esprits, il avale en soupirant un grand verre du meilleur vin des trois Côteaux. Mais voyons à présent le revers de la médaille. Un des conviés, d'après ce qu'il a entendu, croit M. de Versan le plus obligeant des hommes ; il a besoin quelque temps après d'une somme peu considérable, pour un engagement sacré : s'il ne la trouve pas, il est perdu de réputation. Il va avec confiance chez l'homme sensible, dont les discours l'ont pénétré d'admiration et de respect; il lui raconte sa position. Il est refusé poliment, car M. *de Versan* n'a jamais d'argent quand il faut rendre service ; mais, en revanche, il pérore beaucoup, maudit le sort qui lui ravit, dans ce moment, la jouissance d'être utile à un galant homme, et finit en l'invitant à la patience et au courage. Les affaires de son propre frère étaient dérangées, un crédit limité les aurait rétablies ; M. *de Versan* a juré de ne jamais s'engager ; il laisse emprisonner son frère ; il gémit sur son sort, parce qu'il l'aime, dit-il, plus que lui-même; mais il ne fait rien pour lui. Il a beaucoup de parens pauvres ; il les laisse mourir de faim. Voilà cet homme qui porte les malheureux dans son cœur, et qui sacrifierait tout pour adoucir leur sort.

Après ces exemples, fiez-vous donc

aux hommes, croyez aux bons cœurs, soyez la dupe des beaux discours et des pleurs ! O mes amis ! notre pauvre nature est bien abâtardie ; il est difficile d'y reconnaître à présent l'image du Créateur. Heureux encore quand nous ne sommes que faibles ! Mais, que dis-je ?.... quand on est faible, on est bientôt méchant. Croyez-en mon expérience, mes amis ; j'espère un jour vous démontrer cette vérité d'une manière qui ne vous laissera aucun doute.

J. D.

HENRIETTE DE MONTCLARE,

Nouvelle française.

Dans la ville de ***, monsieur et madame de Saint-Evreux étaient cités comme les modèles des époux. Une union tendre, une confiance mutuelle, une sincérité d'attachement qui ne s'était pas encore démentie depuis quatre ans qu'ils étaient mariés, tout cela semblait devoir leur promettre une félicité inaltérable. Leur maison annonçait l'aisance et même la richesse. M. de Saint-Evreux passait pour le plus libéral des hommes; sa charmante compagne, Henriette de Montclare, s'attirait les hommages de tous ceux qui la connaissaient. Vertueuse sans pruderie, gaie sans licence, un peu maligne, mais incapable d'aucuns mauvais procédés; fraîche, jeune et jolie, on conviendra qu'il n'en fallait pas tant pour se faire respecter et chérir de tout le monde. Pourquoi les jours du bonheur s'écoulent-ils si rapidement, et pourquoi l'homme est-il assez aveugle pour fomenter lui-même sa ruine, et détruire sa félicité? M. de Saint-Evreux, ami du faste et de la dépense, n'avait point calculé avec sa fortune; ses biens étaient dérangés; ses dettes croissaient de jour en jour: pour comble d'égarement, la passion du jeu s'empare de son cœur; passion infernale qui change absolument le caractère du malheureux qu'elle tourmente, éteint en lui tout sentiment honnête, et le conduit pas à pas à une chute totale et à la dégradation la plus honteuse. Tous les excès se touchent: Saint-Evreux n'était que joueur, il devint libertin. Les hommes corrompus qu'il fréquente, les mauvais conseils qu'on lui donne, les dangereux exemples qu'on lui fait voir, tout contribue à rendre vil un être jadis estimable. Henriette s'aperçoit, mais trop tard, de l'inconduite de son mari et du refroidissement de sa tendresse. Quel coup terrible pour une âme aussi sensible que la sienne! Bientôt d'avides créanciers assiégent sa porte et lui prodiguent les menaces et les invectives; des domestiques insolens se partagent les fruits des désordres de leur maître; la dot d'Henriette sert à satisfaire les folles amours de son époux; on rejette ses conseils, on rit de ses larmes, on méprise son autorité. Quel état! quelle situation affreuse pour une femme accoutumée à jouir jusqu'alors de tous les agrémens de la vie. Dans le petit nombre des âmes honnêtes qui s'intéressaient au sort de madame de Saint-Evreux, personne ne partageait ses peines avec autant de sincérité que le jeune comte de Marsanges. Il adorait la belle Henriette ; mais toujours retenu par le sentiment de la probité la plus sévère, l'amant s'était caché avec soin sous les dehors de l'ami ; sensible sans emportement, délicat, respectueux, la sagesse de celle qu'il aimait lui était chère ; il n'eût jamais cherché à la détruire si les chagrins qu'éprouvait cette infortunée, en ajoutant la pitié à l'amour, n'eussent troublé sa raison, redoublé sa flamme, égaré son cœur et dérangé ses vertueux projets. Saint-Evreux avait lié une partie de campagne avec plusieurs libertins aussi méprisables que lui ; son épouse n'avait eu garde de les suivre, et l'on ne s'était pas avisé de l'inviter. Elle était seule dans sa maison. Le comte de Marsanges arrive ; il entre ; il voit celle qu'il adore, pâle, maigrie, les yeux rouges de pleurs. Quel tableau pour l'amant le plus tendre ! « Ne m'accusez-vous pas d'indiscrétion, femme aussi respectable qu'infortunée, et ma présence en ce moment n'est-elle pas importune? — Non, monsieur, non, elle ne saurait jamais l'être, puisque je vous regarde comme le plus vrai, le plus sincère de mes amis. — Que ce titre m'honore et me flatte ! Je le mérite, belle Henriette ; mais pourquoi cherchez-vous à me dérober vos pleurs ? Ah ! j'en connais bien la cause, et ce n'est pas avec moi qu'il faut dissimuler. Je sais trop que votre cruel époux... — Qu'osez-vous dire, monsieur ? Mon époux n'est point cruel; il n'est point méchant, il n'est que faible. Plaignez-le, mais ne le condamnez pas. — Que je le plaigne, le monstre! Que je le plaigne, l'auteur de tous vos maux! O ciel! avec tant de vertus, avec tant de rares qualités qui vous élèvent au-dessus des autres femmes, étiez-vous faite pour gémir sur les égaremens de l'indigne mortel à qui votre destinée est unie? Pardonnez, j'offense votre délicatesse; mais mon zèle l'emporte : croyez que je vous suis dévoué pour toujours; croyez que je donnerais mon sang pour vous voir heureuse. — Ah! comte, le bonheur n'est plus fait pour moi. Un triste pressentiment m'assure que mes chagrins ne finiront qu'avec ma vie. — Henriette! chère et divine Henriette!... — Que dites-vous? Que signifient ces transports? Pourquoi

tomber à mes pieds?....— Pourquoi ?
Pour vous avouer l'amour le plus fort
et le plus tendre, pour vous jurer que
je vous idolâtre, que je vous adorerai
jusqu'à mon dernier soupir. — Levez-
vous, imprudent; vous abusez de ma
confiance, de la situation cruelle où
je me trouve; mais je ne serai point
complice de votre audace: je ne veux
jamais vous revoir. Sortez de ma maison; sortez, vous dis-je. — Non, madame, j'oserai désobéir à vos ordres;
non, je ne vous demande point de
répondre à mon amour et de trahir
votre devoir; je ne demande que la
permission de vous aimer, de vous
consacrer mon âme toute entière. J'ai
gardé le silence le plus rigoureux,
tant que je vous ai vue aussi fortunée
que vous méritez de l'être. Mais aujourd'hui qu'un époux vous trahit,
que des amis ingrats vous abandon-

nent, je n'ai pas cru que la connaissance des sentimens que vous m'avez inspirés pût m'attirer votre colère. Ils sont purs ces sentimens; ils sont dignes de la vertueuse Henriette. — N'importe, ils m'offensent, et je serais coupable de vous écouter plus long-temps. Sortez, monsieur; obéissez ou je vous regarde comme le dernier des hommes. — Vous le voulez, cruelle! eh bien! je sors; vous me privez du plaisir de vous voir; vous désolez un cœur sincère, un ami tendre et respectueux : je ne murmure point d'une rigueur aussi peu méritée. Daignez vous souvenir au moins qu'il existe un homme qui ne vit que pour vous, qui vous adore, tout injuste que vous êtes, qui sera toujours prêt à exécuter vos moindres volontés, et qui vous prouvera sa soumission et son amour aux dépens même de sa vie : adieu, madame, adieu. » Le comte s'éloigne à ces mots; et madame de Saint-Evreux, livrée à ses réflexions, s'abandonne à la douleur la plus amère. Quels combats s'élèvent dans son cœur! Quelle différence de l'homme timide, intéressant, qu'elle vient d'entendre, à cet époux méprisable, infidèle, livré à tous les excès! Quelle différence! et qu'elle la sent vivement! Malheur à toi infortunée! malheur à toi! tu cours à ta perte; car, toute femme qui établit des comparaisons entre son époux et son amant est presqu'à demi vaincue. Cependant Saint-Evreux est de retour; son visage est sombre, et ses regards annoncent la mélancolie. Il cherche à éviter sa malheureuse compagne qui s'approche de lui, et lui demande en tremblant la cause de sa tristesse : « Laissez-moi, madame : je ne suis pas triste;

je suis fatigué, j'ai besoin de repos. — Ah! monsieur, chercherez-vous toujours à me fuir? Chercherez-vous toujours à me désoler? Je n'ai donc plus votre confiance? Qu'ai-je donc fait pour la perdre? Ah! mon ami, est-ce ainsi que nous avons vécu pendant quatre ans? Ma présence alors ne vous importunait pas; mais vous m'aimiez et vous ne m'aimez plus. — J'en conviens, madame, et je ne prétends point vous tromper : vous m'avez captivé pendant quatre années, vous n'avez plus le talent de me plaire; ce n'est ni votre faute, ni la mienne. L'amour n'est point éternel, et je puis me flatter que peu de maris ont été aussi constans que moi. — Dieux! quel raffinement de cruauté! Quel persiflage désespérant! Vous me déchirez le cœur et vous insultez à mes peines : je n'ai plus le talent de vous plaire, dites-vous, et pourquoi donc me plaisez-vous toujours?—Je n'en sais rien, en vérité ; mais vous vous affligez mal à propos, Henriette. Les femmes ont tant de ressources dans leurs chagrins, tant de gens empressés à les consoler! Vous êtes jolie, c'est assez vous en dire. Donnons-nous mutuellement une entière liberté ; surtout point de reproches de votre part : je ne les supporterais pas tranquillement, je vous en avertis avec franchise.

— Ainsi donc, vous me conseillez de me déshonorer, de me perdre, d'oublier ces principes d'honnêteté et de vertu qui, jusqu'à ce jour, ont fait ma gloire et ma consolation! vous me le conseillez, vous Saint-Evreux, vous!

— Perdre, déshonorer, honnêteté, vertu, voilà de grands mots, madame, auxquels je n'ai point de confiance, et je vous prie de m'en faire grâce. Je veux pourtant bien croire que vous m'aimez; si cela est, donnez-m'en une preuve. — Mon ami, demandez-en mille, et ne craignez pas d'être refusé. — Je n'en veux qu'une, et la voici : je ne vous cache point que j'ai fait une assez grosse perte au jeu, et que je suis fort embarrassé pour m'acquitter ; je sais que vous avez déjà payé une partie de nos dettes avec vos diamans et vos bijoux ; mais, si je ne me trompe, il vous reste encore une croix de brillans et une montre. Remettez les entre mes mains : je vous en rendrai la valeur sous peu de temps. — Voilà l'une et l'autre; disposez de tout ce qui m'appartient. Je vous demande à mon tour une grâce : c'est d'écouter sans courroux ce que je vais vous dire. Avez-vous résolu irrévocablement de toujours mener la même conduite? et ne voyez-vous pas que vous allez vous plonger ainsi que moi, dans la misère la plus affreuse? Que deviendrons-nous, grands dieux! Nous ne sommes point habitués à vivre du travail de nos mains. Ouvrez les yeux sur les souffrances que nous éprouverons, sur les humiliations dont on nous abreuvera, sur les malédictions dont nous serons chargés par ceux qui nous ont prêté une partie de leur fortune, et qu'il ne sera pas en notre pouvoir de satisfaire. Qui nous consolera alors? Qui nous tendra une main secourable? Hélas! on refuse même jusqu'à la pitié à ceux qui sont tombés dans l'indigence par leur faute. Mon ami, écoutez une femme qui vous aime; mon cher époux, écoute-moi; reviens de tes erreurs, frémis du précipice ou tu cours. Nous pourrons vivre encore avec le peu qui nous reste; ramassons les débris de notre fortune, fuyons tous deux, allons dans quelque lieu écarté où nous n'ayons point à rougir devant ceux qui nous ont connus dans l'opulence. Je te suivrai partout ; tu auras toujours en moi une amie tendre, sincère, empressée. Ah! si ma bouche s'ouvre jamais pour te faire un seul reproche, je te permets de plonger ton épée dans mon cœur. Au nom du Ciel, rends-toi à mes instances ; faut-il me jeter à tes pieds ? m'y voilà, mon cher Saint-Evreux. Mon époux, ne rejette point mes prières ; ne me repousse pas loin de toi.... — Levez-vous, madame, vous prenez bien mal votre temps pour moraliser : je vous ai déjà dit que j'étais fatigué, que j'avais besoin de repos ; il m'est impossible de vous écouter plus long-temps. Bon soir.

Anéantie d'un départ aussi brusque, Henriette ne sait plus ce qu'elle pense ni ce qu'elle doit faire ; cependant, le croira-t-on ? dans cet état d'insensibilité apparente, le comte de Marsanges est celui qui l'occupe le plus; elle croit encore le voir prosterné à ses genoux, serrant ses mains avec passion, et mêlant ses larmes aux siennes. Cette image séduisante, cette image dangereuse se retrace vivement à son esprit; elle ne peut l'en effacer. Bannira-t-elle ce malheureux qui l'adore? Consentira-t-elle à faire son supplice ? Elle hésite un moment; mais, bientôt revenue à elle-même, elle s'écrie avec force : « Non, je ne te reverrai point, homme trop aimable et déjà trop cher à mon cœur ; non, malgré l'avenir effrayant qu'un époux cruel me prépare, malgré les indignes conseils qui sont sortis de sa bouche, je ne me rendrai pas aussi coupable que lui en m'abaissant à les suivre.

Ah! sans doute, ses odieux procédés me donneront bientôt le coup de la mort; mais il vaut mieux mourir vertueuse, que vivre en traînant après soi le fardeau du crime et du mépris. »

Cinq mois s'écoulent, et cette infortunée garde sa résolution avec une fermeté qui tient de l'héroïsme : elle ne voit pas le comte; elle ne reçoit aucune de ses lettres; elle refuse également ses secours, devenus cependant bien nécessaires pour elle, car il ne lui reste plus rien, grâce à la bassesse insatiable du plus barbare des hommes. On lui conseille de plaider en séparation; mais cette séparation exige des avances qu'elle est hors d'état de faire. Son amant, aussi à plaindre qu'elle par la passion ardente qui le dévore, imagine inutilement des moyens pour lui faire parvenir les sommes qui lui seraient nécessaires. Elle le fait assurer de toute sa reconnaissance ; mais elle refuse, et rien ne peut la fléchir. Qu'une résistance aussi forte et aussi constante est admirable ! Durera-t-elle toujours ? Ah ! c'est à tort qu'Henriette s'en flatte ! On supporte des peines momentanées, quelque affreuses qu'elles puissent être, lorsqu'on est doué d'une âme noble et courageuse. Mais qui ne se laisse abattre par des maux réitérés et continuels ? et quel est le mortel qui ne se lasse pas de souffrir ? Tous les outrages dont on peut accabler une épouse, Saint-Evreux les prodiguait à la sienne ; il semblait que le spectacle de sa douceur et de tant de patience ne servît qu'à l'aigrir davantage : tant il est vrai que l'exercice de la vertu est le reproche le plus sanglant que l'on puisse faire au vice ! Une nuit, où la triste Montclare commençait à goûter un peu de repos, et se livrait à un sommeil assez tranquille, la voix de sa fidèle Victoire, la seule de ses femmes qui ne l'eût point abandonnée, se fait entendre et la réveille en sursaut. « Levez-vous, madame; votre mari..... — Eh bien! que veux-tu dire? mon mari... — Ah! madame, la rage le transporte; il est dans un état d'égarement qui fait frémir : accourez, ma chère maîtresse; accourez : votre présence le calmera sans doute. » Comme elle prononce ces mots, Saint-Evreux entre, le regard furieux, le geste menaçant. « Sortez toutes deux de cette maison maudite ; sortez, femmes odieuses : je ne puis plus vous garder. J'ai tout joué, j'ai perdu tout ce que je possédais ; il ne me reste aucune ressource sur la terre. Il ne me reste que la honte, la misère et la mort. — Qu'avez-vous fait homme insensé? Ah! pourquoi vous êtes-vous livré sans frein, sans remords, aux égaremens les plus condamnables ? Vous m'avez dépouillée, vous me chassez, eh bien! assasinez-moi; il ne vous manque que ce forfait : ajoutez-le à tous ceux que vous avez déjà commis. — Oui, je l'ajouterai, » répond le barbare. A peine cette terrible exclamation est sortie de sa bouche, qu'il la terrasse, la meurtrit de coups, la traîne par ses beaux cheveux qu'il avait tant de fois couverts des baisers de l'amour; c'en était fait d'Henriette, si ses cris aigus et redoublés n'eussent attiré du monde. On la dérobe avec peine aux emportemens de ce monstre ; il veut alors tourner sa rage contre lui-même ; on l'en empêche ; il ne se connaît plus: toutes les furies le tourmentent. Trop heureux si une pitié mal entendue ne lui ôtait pas les armes des mains, et lui laissait au moins la liberté de s'arracher une vie criminelle ! Le jour commence à peine de luire, que le comte de Marsanges a déjà reçu la lettre que voici :

« O vous, mon seul appui ! vous
« qui daignez vous intéresser au sort
« de la plus infortunée des femmes !
« vous que j'aime à l'excès ! car il est
« temps de vous l'apprendre, ayez
« pitié de votre Henriette; arrachez-la
« aux fureurs du tigre que le Ciel lui
« a donné pour époux. Cette nuit.....
« cette nuit même, foulée à ses pieds,
« évanouie, expirante..... O Ciel !
« comment achever ce funeste récit?...
« Le désespoir m'égare ; protégez-
« moi..... emmenez-moi dans un dé-
« sert, loin de..... du monstre que
« j'abhorre, loin de mon plus cruel

« ennemi..... Oui, je trahirai mes de-
« voirs; on m'y force: c'est trop souf-
« frir sans le mériter. Le Ciel ne pro-
« tége que les coupables: je le serai,
« je veux l'être..... Ah! je n'étais pas
« faite pour le devenir; n'importe,
« répondez-moi promptement; si
« vous me refusez..... le poison me dé-
« livrera de la honte et du malheur;
« il n'est rien dont je ne sois capable,
« plutôt que de rester plus long-temps
« en proie aux souffrances que j'é-
« prouve. Adieu. »

MARSANGES A HENRIETTE.

« Qu'ai-je lu, femme adorée, divi-
« nité de mon cœur? Est-ce bien vous?
« Est-ce bien mon Henriette qui m'ap-
« pelle à son secours, qui daigne me
« nommer son seul appui, m'avouer
« qu'elle m'aime, et qu'elle m'aime

« avec excès ? O bonheur inattendu !
« Viens, mon amie, viens te réfugier
« dans le sein de l'amant qui t'idolâtre.
« Oui, nous fuirons ensemble : je te
« déroberai à ce misérable Saint-
« Evreux, à ce mortel détesté et de
« moi-même, et de toi. Je ne te de-
« mande qu'un jour pour les prépa-
« ratifs de notre départ ; mais demain
« trouve-toi à onze heures du soir
« sur le pont le moins fréquenté de la
« ville, et sois sûre que je t'y atten-
« drai. Nous passerons dans les pays
« étrangers ; là, nous vivrons libres,
« contens, à l'abri du pouvoir de ces
« lois injustes qui ne veulent pas
« souffrir qu'une épouse infortunée
« brise le joug du tyran qui l'opprime,
« lois insensées, lois désavouées par
« la nature qui se révolte contre la
« persécution. Eh bien ! si le préjugé
« nous poursuit, nous vivrons seuls ;

« nous nous passerons de la société
« des hommes, de ces êtres trom-
« peurs, irrésolus, faibles, méchans,
« sévères pour les autres, indulgens
« pour eux-mêmes. Eh! que nous im-
« porte leur opinion? Viendra-t-elle
« nous consoler, sur le bord de la
« tombe, du regret amer et tardif de
« lui avoir sacrifié notre bonheur?
« Va, crois moi : ce bonheur peut
« exister pour nous. Tu m'aimes, je
« t'adore ; nous serons heureux,
« oui, nous le serons si tu ne changes
« point de dessein. Adieu, ma belle
« amie, à demain. »

On peut voir, par ces deux lettres, combien la passion du comte et celle de son amante égaraient deux cœurs naturellement vertueux. Cependant le moment destiné à leur fuite approche. Madame de Saint-Evreux, tremblante, près d'expirer de douleur et d'effroi, porte ses pas vers le lieu indiqué; le comte n'y est pas encore. Forcée par sa faiblesse de s'asseoir sur le pont, ses yeux en parcourent en vain l'étendue; elle ne voit personne. Le rendez-vous pourtant est donné pour onze heures, et onze heures et demie viennent de sonner. Elle attend avec impatience; elle se lève, se rassied; l'inquiétude la promène de place en place. Ciel! quelles réflexions désespérantes viennent l'agiter! Que de craintes la tourmentent! Si cet amant n'était qu'un fourbe, qu'un imposteur!... S'il la trompait!... Mais non, quel serait son but? Non, elle ne peut le soupçonner. Pendant que ces différentes idées l'occupent, le temps s'écoule; il est déjà minuit. Ses appréhensions redoublent; elle les repousse de nouveau. Au moindre bruit qui frappe son oreille, elle croit entendre celui qu'elle cherche ; elle l'appelle à voix basse : soins superflus! attente inutile ! il est minuit et demi, et Marsanges n'arrive point. O douleur ! ô situation déchirante! C'en est fait, elle se croit trahie, et par qui? Par celui qu'elle aimait ; par celui qu'elle regardait comme un dieu tutélaire. Il la dédaigne, il l'abandonne, et dans quel moment, hélas! Que fera-t-elle ? Que va-t-elle devenir? Retournera-t-elle dans sa maison? Son mari l'en a chassée ; et d'ailleurs, le perfide comte l'aura sans doute instruit de tout. Il ne lui reste qu'un parti à prendre, c'est la mort. « Epoux féroce! s'écrie-t-elle à haute voix, amant plus féroce encore! Saint-Evreux! Marsanges! monstres inhumains qui vous jouez d'une malheureuse qui méritait un sort moins affreux, c'est à vous que je me sacrifie;

c'est par vos coups que je péris! Adieu, terre fatale où j'ai traîné des jours si odieux; adieu, Marsanges, perfide que j'adorais malgré moi, et que je ne puis m'empêcher d'adorer à ma dernière heure! A ces mots elle monte sur le parapet, fixe un instant l'onde fatale qu'elle va choisir pour tombeau, frémit, recule, descend, remonte encore, s'élance, pousse un cri plaintif et disparaît pour toujours.

Plusieurs personnes qui passaient dans ce triste moment, et qui avaient entendu de loin ses dernières paroles, appellent du secours. Une chaise de poste arrête au bout du pont, un jeune homme en sort et s'avance avec précipitation, attiré par leurs clameurs : c'est Marsanges, c'est lui même..... Rencontré par Saint-Evreux comme il s'apprêtait à voler auprès de sa bien-aimée, forcé d'écouler les détails insipides d'un gain considérable que celui-ci venait de faire au jeu ; enfin, retenu par lui jusqu'à cette heure funeste, il n'avait pas osé le quitter plus tôt, crainte de faire naître ses soupçons et d'exposer sa chère Henriette, celle qu'il cherche et qu'il ne trouve plus. Que devient-il au récit désolant qui sort de la bouche de ceux qui l'entourent ? Que devient-il quand on lui répète les derniers accens de cet objet si chéri ? « Adieu, Marsanges ; adieu, perfide que j'adorais malgré moi, et que je ne puis m'empêcher d'adorer à ma dernière heure ! » Peut-il encore douter de son infortune ? En vain il prononce mille fois le nom d'Henriette ; en vain il l'appelle, elle n'est plus ; un instant, un seul instant a fait son malheur éternel. Il veut se précipiter après son amante ; on le retient, il tombe et se débat agité par d'horribles convulsions. Ses cris déchirent l'âme : ses efforts font frémir. Des lettres trouvées sur lui indiquent sa demeure ; on le ramène à son hôtel, où son père, accablé d'âge et d'infirmités, le reçoit expirant. Depuis cette époque fatale, il a entièrement perdu l'usage de la raison ; et tous les soins qu'on a pris pour la lui rendre ont été infructueux. Souvent il paraît oublier jusqu'au nom d'Henriette de Montclare, et dans d'autres momens il en parle sans cesse : alors ses larmes coulent, ses sanglots le suffoquent. Quelquefois on est surpris de le voir rire ; mais ce rire stupide, né de l'oubli et de l'anéantissement de lui-même, arrache des larmes à tous ceux qui l'environnent. Pour Saint-Evreux, la mort de sa femme l'étonna, mais ne le corrigea point. Il a long-temps persisté dans ses débauches. Réduit à mendier le plus vil nécessaire, après avoir joui d'une fortune honnête, il ne lui reste pour refuge sur ses vieux jours qu'un de ces asiles humilians, dernière ressource de la pauvreté.

M^e G*****,

MEHALA,

ÉPOUSE DE CAÏN, APRÈS LA MORT D'ABEL.

Idylle par Mme. de RENNEVILLE.

PLUSIEURS printemps avaient déjà ramené la verdure et fait fleurir les arbres, depuis qu'Abel reposait dans le bocage où la main cruelle de son frère l'avait étendu. Caïn n'avait plus de repos ; ses regards sombres et farouches erraient à l'aventure ; son front, sillonné par les soucis dévorans, apprenait les tourmens de son cœur. Sa voix sourde était celle d'un coupable rongé de remords. Souvent dans l'horreur des ténèbres, ou lorsque le disque argenté de la lune se voilait d'épais nuages, il errait comme un fantôme autour des lieux qui renfermaient les restes d'Abel. En approchant, il gémissait comme le vent qui précède l'orage; s'il osait s'agenouiller sur la pierre du tombeau, elle brûlait ses genoux. Tout ce qui l'entourait portait l'horreur dans son sein. L'agitation du feuillage lui semblait être la voix plaintive d'Abel. L'ombre blanchâtre de la lune était celle de son frère. Le silence devenait pour lui plus terrible encore..... Alors il était seul avec sa conscience, et le souvenir de son crime, et chacune de ses pensées étaient un supplice. Le malheureux respirait les souffrances avec l'air, et son souffle s'échappait de son sein avec l'angoisse de la douleur. La terre ne lui offrait aucun lieu où il pût arrêter ses regards, où il pût se reposer... Sa vie n'était plus que le désir et l'effroi de la mort...» Pourquoi ai-je vécu?... » s'écriait-il. Quand sa bouche prononçait ces mots impies, ses yeux, ombragés de noirs et épais sourcils, regardaient le ciel : le Ciel le laissait vivre.

Tandis que Caïn cherchait dans les solitudes les plus sauvages, une retraite plus horrible encore que son cœur, Méhala, sa tendre épouse, Méhala pleurait dans sa cabane solitaire. Son âme était douce comme le souffle du printemps ; son cœur avait besoin d'aimer; et Caïn était son époux! Oh! combien elle est malheureuse la femme innocente et sensible dont l'époux a commis un crime !... Cependant Méhala s'approche avec timidité du farouche Caïn; elle a besoin de lui faire entendre sa voix, la douce voix de la consolation : elle la sent expirer sur ses lèvres. Elle veut prendre sa main, il la retire : c'est la main qui a tué Abel, l'innocent Abel! Il fuit son épouse.... mais il fuit comme la biche que le chasseur a blessée; le trait reste enfoncé dans son sein : l'idée de son crime le poursuit, l'obsède, ne lui laisse pas un moment de repos. Méhala le suit des yeux et soupire. Elle voudrait apaiser les cendres d'Abel et fléchir la colère de Dieu; dans ce dessein, elle s'achemine lentement au tombeau de ce frère qu'elle aimait; elle y pleure, elle implore le pardon du coupable. Quelquefois, quand ses fils ne peuvent point l'entendre, Méhala exhale sa douleur, et s'écrie : « Il n'est plus d'espérance pour Méhala; Méhala est condamnée à gémir jusqu'au jour où elle reposera comme repose Abel. Personne n'essuiera ses larmes, et son époux ne doit point les voir... L'infortuné! il n'en répandra point comme sa Méhala ; ce n'est point la douleur qui gonfle son sein... c'est l'affreux remords... et ce remords n'a point de larmes ; la source en est tarie. La pensée du coupable ne saurait s'arrêter sur des jours qui ne sont plus, encore moins percer l'avenir. « O Caïn ! que de maux que tu as accumulés sur ta tête !... Je voudrais te consoler, je ne le puis : ton cœur n'entend plus ma voix ; tes yeux même ne veulent plus me regarder. Mon abattement t'outrage. Hélas ! puis-je feindre un calme qui depuis long-temps n'est plus fait pour moi ? Paraître heureuse, ce serait l'outrager... Je tremble en présence de mon époux. Quand, pressée par le mouvement de mon cœur, je le serre dans mes bras ; quand j'essaie par mes caresses d'adoucir son regard et de le rendre un moment au bonheur, il me repousse durement et s'arrache de mes bras avec la même précipitation que si un serpent venimeux l'eût approché. Il ne m'aime plus ; il ne peut plus m'aimer... Dieu l'a maudit... Ah! malheureux Caïn!.. tout est mort pour lui dans la nature ; la souffrance seule existe... La beauté du ciel n'attire plus ses regards, le chant des oiseaux ne le touche plus, la chaleur du jour l'accable, et la pluie bienfaisante rafraîchit les fleurs sans le soulager. Le malheureux! il n'a pas même de plaisir à voir ses enfans! Il sait qu'un jour ils n'oseront l'appeler leur père... Et moi, je crains de le plaindre, et je me tais sur mes propres douleurs... Ah! ce n'était point là l'existence que Méhala devait attendre !!!... »

Telles étaient les plaintes de Méhala; elles sortaient de sa bouche innocente, avec la sensibilité d'un cœur qui plaint le coupable et voudrait l'aimer encore. La tendre Méhala, délaissée de son époux, était encore abandonnée de sa famille ; lorsque les enfans d'Abel venaient au tombeau de leur père, et qu'elle y était prosternée, ils fuyaient. Hélas ! c'était l'épouse de Caïn.

TRAITS HISTORIQUES ET ANECDOTES.

QUELQUES PARTICULARITÉS ANECDOTIQUES SUR LE FAMEUX M. DE SAINT-GERMAIN.

A mon retour à Paris, en 1759, je fis une visite à la veuve du chevalier Lambert, que j'avais connue précédemment ; je vis entrer après moi, chez elle, un homme de taille moyenne, très-robuste, vêtu avec une simplicité magnifique et recherchée. Il jeta son chapeau et son épée sur le lit de la maîtresse du logis, se plaça dans un fauteuil près du feu, et interrompit la conversation, en disant à l'homme qui parlait : « Vous ne savez ce que vous dites ; il n'y a que moi qui puisse parler sur cette matière. Je l'ai approfondie, ainsi que la musique qu'il m'a fallu abandonner, ne pouvant plus aller au delà. »

Je demandai avec étonnement à mon voisin, qui était cet homme ; et il m'apprit que c'était le fameux M. de Saint-Germain, qui possédait les plus rares secrets, à qui le roi avait donné un appartement à Chambord, qui passait à Versailles des soirées entières avec Sa Majesté et Madame de Pompadour, et après qui tout le monde courait quand il venait à Paris.

Madame Lambert m'engagea à dîner pour le lendemain, ajoutant avec une mine toute glorieuse, que je dînerais avec M. de Saint-Germain, lequel, par parenthèse, faisait la cour à une de ses filles, et logeait dans la maison. L'impertinence du personnage me retint long-temps dans un silence respectueux à ce dîner; enfin, je hasardai quelques propos sur la peinture; et je m'étendis sur différens objets que j'avais vus en Italie. J'eus le bonheur de trouver grâce aux yeux de M. de Saint-Germain; il me dit : « Je suis content de vous, et vous méritez que je vous montre tantôt une douzaine de tableaux; certes, vous n'en avez pas vu de pareils en Italie. » Effectivement, il me tint presque parole, car les tableaux qu'il me fit voir, avaient tous un certain degré de singularité ou de perfection qui les rendait plus intéressans que bien des morceaux de la première classe, surtout une *Sainte Famille* de Morillos, qui égalait en beauté celle de Raphaël, à Versailles. Mais, il me montra bien autre chose : c'était une quantité de pierreries, et surtout des diamans de couleur, d'une grandeur et d'une perfection surprenantes. Je crus voir les trésors de la Lampe Merveilleuse. Il y avait, entr'autres, une opale d'une grosseur monstrueuse, et un saphir blanc de la taille d'un œuf, qui effaçait par son éclat celui de toutes les pierres de comparaison que je mettais à côté. J'ose me vanter de me connaître en bijoux, et je puis assurer que l'œil ne pouvait rien découvrir qui fît même douter de la finesse de ces pierres, d'autant plus belles qu'elles n'étaient point montées. Je restai chez lui jusqu'à minuit, et le quittai son très-fidèle sectateur. Je l'ai suivi pendant six mois avec l'assiduité la plus soumise, et il ne m'a rien appris, sinon à connaître la marche et la singularité de la charlatanerie. Jamais homme de sa sorte n'a eu, comme lui, le talent d'exciter la curiosité et de manier la crédulité de ceux qui l'écoutaient. Il savait approprier le merveilleux de ses récits au degré d'esprit et de crédulité de son auditeur. Quand il racontait devant une bête un fait du temps de Charles V, il lui confiait tout crûment qu'il y avait assisté; mais quand il parlait à quelqu'un de moins crédule, il se contentait de peindre les plus petites circonstances, les mines et les gestes des interlocuteurs, jusqu'à la chambre et la place qu'ils occupaient, avec des détails et une vivacité tels que l'on s'imaginait entendre un homme qui avait été réellement présent à tout cela. Quelquefois, en rendant un discours de François Ier ou de Henri VIII, il feignait une distraction et disait : *Le Roi se tourna vers moi......* ; mais soudain il ravalait ce *moi*, et continuait avec la précipitation d'un homme qui s'est oublié, *vers le duc un tel*.

Il savait, en général, l'histoire minutieusement, et s'était composé des tableaux et des scènes si naturellement représentés, que jamais témoin oculaire n'a parlé d'une aventure récente, comme lui de celles des siècles passés. « Ces bêtes de Parisiens, me dit-il un « jour, croient que j'ai cinq cents ans, « et je les confirme dans cette idée, « puisque je vois que cela leur fait tant « de plaisir ; ce n'est pas que je sois « infiniment plus vieux que je ne « parais. » Car il souhaitait pourtant que je fusse sa dupe jusqu'à un certain point. Mais la bêtise de Paris ne s'en tint pas à ne lui donner que peu de siècles ; elle est allée jusqu'à en faire un contemporain de Jésus-Christ, et voici ce qui a donné lieu à ce conte.

Il y avait à Paris un homme facétieux, que l'on nommait milord Gower, parce qu'il contrefaisait les Anglais supérieurement. (Il avait été employé dans la guerre de Sept-Ans, par la cour, comme espion à l'armée anglaise.) Les courtisans se servaient de lui pour jouer toutes sortes de personnages, et pour mystifier les bonnes gens; or, ce fut milord Gower que de mauvais plaisans menèrent dans le Marais, sous le nom de M. Saint-Germain, pour satisfaire la curiosité des dames et des badauds de ce canton de Paris, plus aisé à tromper que le quartier du Palais-Royal. Ce fut sur ce théâtre que notre faux adepte se permit de jouer son rôle, d'abord avec peu de charge; mais voyant qu'on recevait tout avec admiration, il remonta de siècle en siècle jusqu'à Jésus-Christ, dont il parlait avec la plus grande familiarité, comme s'il avait été son ami. « Je l'ai connu intimement, « disait-il : c'était le meilleur homme « du monde ; mais il était romanesque « et inconsidéré : je lui ai souvent « prédit qu'il finirait mal. » Ensuite, notre acteur s'étendait sur les services qu'il avait cherché à lui rendre par l'intercession de M. Pilate, dont il fréquentait la maison journellement. Il disait avoir connu particulièrement la sainte Vierge, sainte Élisabeth, et même sainte Anne, sa vieille mère. « Pour celle-ci, ajoutait-il, je lui ai « rendu un assez grand service après « sa mort; sans moi elle n'aurait jamais « été canonisée; pour son bonheur je « me suis trouvé au concile de Nicée, et » comme je connaissais beaucoup plu- « sieurs évêques qui le composaient, « je les priai tant, leur répétai tant que » c'était une bonne femme, que cela

» leur coûterait si peu d'en faire une « sainte, que son brevet lui fut ex- « pédié. »

C'est cette facétie absurde, et répétée à Paris assez sérieusement, qui a valu à M. de Saint-Germain le renom de posséder une médecine qui rajeunissait et rendait immortel : ce qui fit composer le conte bouffon de la vieille femme de chambre d'une dame qui avait caché une fiole pleine de cette liqueur divine; la vieille soubrette la déterre, et en avale tant, qu'à force de boire et de rajeunir, elle redevient petit enfant.

M. de Saint-Germain vivait d'un grand régime, ne buvait jamais en mangeant, se purgeait avec des follicules de séné, qu'il arrangeait lui-même, et voilà tout ce qu'il conseillait à ses amis qui le consultaient sur ce qu'il fallait faire pour vivre long-temps. En général, il n'annonçait jamais, comme les autres charlatans, des connaissances surnaturelles.

Il fréquentait la maison de M. de Choiseuil et y était bien reçu ; nous fûmes donc fort étonnés d'une violente sortie que ce ministre fit à sa femme au sujet de notre héros.

Il lui demanda brusquement pourquoi elle ne buvait pas. Celle-ci lui ayant répondu qu'elle pratiquait ainsi que moi, le régime de M. de Saint-Germain avec un grand succès, M. de Choiseuil lui dit : « Pour ce qui est du « baron, à qui j'ai reconnu un goût « tout particulier pour les aventuriers, « il est le maître de choisir son régime ; « mais vous, madame, dont la santé « m'est précieuse, je vous défends de « suivre les folies d'un homme aussi « équivoque. » Pour couper court à une conversation qui devenait embarrassante, le bailli de Solar demanda à M. de Choiseuil, s'il était vrai que le gouvernement ignorait l'origine d'un homme qui vivait en France sur un pied si distingué. « Sans doute, nous « le savons, répliqua M. de Choiseuil, « c'est le fils d'un juif portugais, qui « trompe la crédulité de la ville et de « la cour. Il est étrange, ajouta-t-il, « en s'échauffant davantage, qu'on « permette que le Roi soit souvent « presque seul avec cet homme, « tandis qu'il ne sort jamais qu'envi- « ronné de gardes, comme si tout était « rempli d'assassins. » Ce mouvement de colère provenait de sa jalousie contre le maréchal de Belle-Isle, dont Saint-Germain était l'âme damnée, et auquel il avait donné le plan de ces fameux bateaux plats qui devaient servir à une descente en Angleterre,

LE PÈRE

DÉLIVRÉ PAR SES FILLES.

M. Dauzat, membre de la Chambre des Députés, officier de la Légion d'honneur, obligé de se rendre à Paris, où l'appelaient ses fonctions, partit de Lourdes, petite ville du département des Hautes-Pyrénées, et lieu de son domicile, le 29 décembre 1813. Il arriva le lendemain à Gimont, vers dix heures du matin. Madame Dauzat voyageait avec son mari; dans la même voiture étaient leurs quatre enfans, mesdemoiselles Gracieuse, Euphrosine, Aménaïde et Irma. La plus âgée de ces demoiselles n'avait pas encore dix-huit ans, et la plus jeune n'en avait que huit. Les chevaux ayant manqué à la poste de Gimont, le postillon d'Aubiet avait consenti à redoubler le relais, mais ayant eu le malheur de verser à une petite distance de la ville, nos voyageurs furent obligés de rentrer dans Gimont, où les réparations de la voiture les retinrent jusqu'à quatre heures du soir. Pendant le court trajet qui précéda la catastrophe, M. Dauzat, qui mettait de temps en temps la tête à la portière, s'aperçut, non sans inquiétude, qu'il avait été suivi depuis Gimont par plusieurs individus qui, pour marcher plus vite, s'attachaient par les mains aux ressorts de la voiture, et couraient avec elle dans les plaines et à la descente des côtes. La fréquente apparition sur la grande route de quelques hommes armés et de mauvaise mine, inspirait à M. et madame Dauzat de vives alarmes et de sinistres pressentimens; ces pressentimens ne tardèrent pas à se réaliser. Le jour avait disparu : il était cinq heures et demie. La voiture arrivait à la côte de Clermont, lieu assez éloigné de toute habitation, lorsque deux hommes, armés de fusils, furent aperçus sur le chemin, à une distance rapprochée du carrosse. Les alarmes redoublèrent alors avec violence, et, tandis que M. Dauzat, qui ne croyait pas ou qui ne paraissait pas croire au danger, s'occupait de rassurer sa femme et ses enfans, une décharge terrible d'armes à feu se fait entendre : la voiture est criblée de balles, et mademoiselle Euphrosine, jeune personne âgée de quinze ans, tombe frappée entre les bras de son père, en s'écriant : *Papa, je me meurs!* Sa bouche rendait des flots de sang. Dans ce moment affreux, M. Dauzat eut le bonheur de conserver toute sa présence d'esprit. *Ma femme, mes enfans*, s'écria-t-il, *nous sommes assasinés, mais du courage.* En même temps il ordonne au postillon de ne pas s'arrêter, le menaçant de lui brûler la cervelle. Le postillon obéit d'abord; mais bientôt il quitte son poste et se laisse tomber à terre. Les chevaux, épouvantés par le coup de fusil, continuent leur marche au grand galop; mais trois brigands qui étaient en embuscade au sommet de la côte, sont venus barrer le chemin. Ces brigands tirent à bout portant sur les chevaux; un est tué et l'autre grièvement blessé.

Douze scélérats paraissent alors autour du carrosse. M. Dauzat, qui en était descendu, offre tout son argent, et demande la vie pour sa femme et ses enfans; trois fusils sont appliqués sur sa poitrine : *Tuez-le! tuez-le!* s'écriait

d'une voix féroce un forcené qui paraissait être le chef de ces brigands.....
Madame Dauzat, dans le pressant danger qui menace son mari, quitte sa fille mourante, s'élance hors de la voiture, tombe aux pieds des assassins, embrasse leurs genoux, implore à grands cris leur miséricorde ; ses filles suivent son exemple : elles se traînent dans la boue à la suite des scélérats qui les repoussent avec brutalité ; mais elles ne se rebutent pas, elles redoublent au contraire leurs tendres et vives instances, et s'humilient au point de *caresser*, *d'embrasser* leurs assassins. A la fin, les supplications, les prières, les larmes de l'innocence, de la jeunesse et de la beauté, attendrirent ces scélérats et triomphèrent de leur barbarie ; M. Dauzat est sauvé, il doit la vie à ses enfans.....

Abandonnés par leurs assassins, M. et madame Dauzat avec leurs filles, se trouvèrent encore livrés à de cruelles perplexités; mademoiselle Euphrosine perdait tout son sang et pouvait être en danger de mort. Pour arriver à l'Ile-Jourdain, il fallait une heure de marche, et personne n'était en état de faire la route à pied. Le postillon indiqua dans le voisinage le château de Clermont; mais il refusa d'y aller chercher du secours, se disant dans l'impossibilité de se mouvoir. M. Dauzat fut alors forcé de s'y porter lui-même, et d'abandonner sur le grand chemin sa femme et ses enfans dans l'état le plus déplorable; mais nous touchons au terme de leur infortune. Parvenu au château de Clermont, M. Dauzat eut le bonheur d'y trouver le maître de la maison, qui s'empressa de lui fournir tous les secours d'une généreuse hospitalité ; toute la famille fut transportée au château ; l'intéressante blessée y reçut les soins habilement administrés de deux hommes de l'art, accourus pendant la nuit de l'*Ile-Jourdain*, et qui la rendirent à la vie et à la santé.

Cette affaire a été jugée par la Cour d'Assises du département du Gers. Deux des brigands, convaincus d'être les auteurs de l'attentat, ont été condamnés à la peine des travaux forcés à perpétuité, du carcan et de la marque.

MÉDOR,

Anecdote de 1794.

FLORVILLE sortait des Champs-Élysées, où il avait vu une foule de femmes charmantes, toutes parées avec une élégance, j'ose le dire, affligeante dans ce temps de calamités; car cette opposition du luxe et de la misère, de la gaîté et du malheur, a quelque chose de révoltant : il n'y a que la réflexion de l'observateur indulgent et calme, qui puisse admettre quelques excuses intermédiaires entre la brillante parure des grâces et les haillons de l'indigence. Il doit se dire : cette jolie femme, couverte de fleurs et de gazes, qui passe étourdiment à côté de l'infortunée assise sur de la paille, et environnée de ses enfans pâles et à peine vêtus, a peut-être été ce jour-là la secourir dans son grenier, et lui porter la douce offrande de la bienfaisance et de tous les sentimens dont les femmes sont les modèles, lorsque, par leur coquetterie même, elles semblent ne nous en offrir que les contrastes. Leurs défauts sont quelquefois des leçons; le plaisir de les critiquer vaut-il celui de les applaudir? N'oublions pas que les juger, d'après les devoirs qui les honorent, c'est presque toujours rendre hommage aux charmes qui les rendent aimables : de cette justice qu'on leur doit, au desir de les imiter, il n'y a qu'une légère nuance, et c'est encore un hommage.

Florville allait souper dans le faubourg Saint-Germain ; en traversant le pont (il était alors un peu plus de neuf heures), il aperçut un homme âgé, assis sur le parapet ; sa tête était appuyée sur ses mains ; ses gémissemens, ses plaintes arrêtèrent Florville à quelques pas de lui : il voulait lui parler, et il hésitait. La volonté d'être bienfaisant ne suffit pas toujours pour en inspirer les moyens, et souvent elle échappe sans fruit dans l'incertitude même qui la précède, semblable à ces exhalaisons lumineuses qui sont sans chaleur et disparaissent sans retour, au plus léger souffle produit par l'agitation même de l'air qui les fit naître.

Florville s'approche cependant du vieillard, et, après un instant de silence, il lui dit : « Monsieur, pardonnez, mais ne puis-je vous consoler ou vous être utile ? — Ah ! monsieur, lui répondit le vieillard, je suis au désespoir. Un ami mourant m'avait donné son chien; il me l'avait recommandé, et j'aimais ce chien : c'était un si bon animal ! Il ne me quittait jamais, ce pauvre Médor ; eh bien ! je viens de le noyer ; je ne pouvais plus le nourrir : j'ai une femme, un enfant, et vous sentez qu'ils méritent la préférence. J'ai offert Médor à plusieurs personnes ; il n'était pas beau, Médor, et on n'en a pas voulu : je me suis donc déterminé à le tuer ; j'en ai eu le courage, je n'aurai pas celui de m'en consoler. J'ai plus fait que je ne pouvais, je le sens bien. Si vous l'aviez vu à l'instant où j'attachais à son cou la funeste pierre ! il me regardait, me léchait le visage, les mains, et semblait me dire : Je te plains, tu vas te séparer d'un ami. Deux fois, monsieur, je l'ai poussé en détournant les yeux, et sans avoir la force de le précipiter. Enfin, j'ai pensé à ma femme, à mon enfant, et il est...... tombé...... Je ne sais ce qu'il s'est passé dans tout moi, lorsque j'ai entendu le bruit de l'eau agitée par sa chute. Pauvre Médor ! je ne te reverrai donc plus ! »

Ames douces et aimantes, c'est à vous que j'adresse l'histoire de Médor. Il faut imaginer des malheurs, des invraisemblances douloureuses pour arracher des cœurs froids à cette léthargie de toutes les sensations qui, par leurs peines mêmes, peuvent devenir les élémens du bonheur. Le langage simple de ce bon vieillard, ses regrets, ses larmes n'agiteront pas en eux une seule fibre sentimentale. Un chien ! s'écrieront-ils ; mais un chien sait aimer, il sait être aimé. Ah! ne le repoussons point ce besoin d'être ému qui semble donner aux charmes de la sensibilité, tous les motifs de la vertu ! Regrettons un peu ce pauvre Médor, et partageons la douleur de son maître ; Florville ne pouvant le consoler, voulut au moins tâcher de le distraire.

« Il faut, » dit-il au vieillard... Dans ce moment, ils voient un chien accourir à eux ; c'est Médor, c'est lui-même, et le voila tout mouillé, tout haletant, sur les genoux de son maître, qui, comme un homme qui revient d'un long évanouissement, regardait Florville, regardait son chien, ne savait si c'était un songe. Enfin, il s'écria : « Ah ! mon Dieu ! oui, c'est lui ! c'est toi Médor ! Cela se peut-il ? Comment as-tu pu te tirer de l'eau ? Pauvre Médor ! Parle donc.... »

Florville crut devoir être l'interprète de Médor, et dit au vieillard : « Dans votre douleur, vos mains tremblantes d'effroi avaient mal noué la corde qui soutenait la pierre fatale; elle s'est détachée en tombant, et Médor s'est sauvé. C'est un dénouement d'opéra, et souvent ils sont moins heureux.

— Ah! oui, reprit le vieillard; je n'y voyais pas, je pleurais, j'étais épouvanté de mon courage même; ah! je ne l'aurai plus cet affreux courage; je te nourrirai, mon pauvre Médor, je vendrai plutôt mes habits. — Ne vendez rien, lui dit Florville : voilà la pension de Médor d'ici au temps où les subsistances seront moins rares.— Que je vous remercie! s'écria le bon vieillard. Mais qu'êtes vous donc, monsieur?—Un homme sensible,» lui répondit Florville, qui ne se croit riche que du peu qu'il donne; et Florville le quitta. Quand il fut à l'extrémité du pont, il vit le bon vieillard qui le saluait encore, en essuyant ses yeux et caressant son chien.

Une jeune et jolie femme de la connaissance de Florville passa dans ce moment à côté de lui; adieu le vieillard et son chien. L'âge heureux où l'on oublie si facilement le bien qu'on a fait, a tous les charmes de la vie, et doit en être la leçon. Lorsqu'on se rappelle avec trop de complaisance les douces occasions où l'on fut bienfaisant, bientôt on les néglige, on les perd. Le souvenir d'avoir été bon, sensible, semble vous dispenser de l'être, et les réflexions qui paraissent cependant alimenter la sensibilité, sont à la longue celles qui la détruisent. C'est ainsi que chaque jour de notre existence peut nous offrir de nouveaux plaisirs; mais, si une fois on regrette ceux de la veille, adieu ceux du lendemain. Il en est de même de la sagesse et de la vertu ; celui qui se dit, avec un peu d'orgueil, *je fus vertueux et sage*, à raison de s'exprimer ainsi, car il a déjà cessé de l'être.

AUTRES ANECDOTES.

Un musicien, après avoir fait ses vingt ans à l'Opéra, alla trouver le directeur pour obtenir sa pension de retraite. « Voilà comme ils sont tous, dit avec humeur celui-ci ; ils se dépêchent de faire leurs vingt ans pour avoir la pension. »

Deux hommes, assis aux deux bouts opposés d'une table, prirent querelle l'un contre l'autre. « Monsieur, dit le plus irrité, si j'étais à côté de vous, je vous donnerais un soufflet : ainsi, tenez-le pour reçu. — Monsieur, repartit l'autre, si j'étais à côté de vous, je vous passerais mon épée au travers du corps : ainsi, tenez-vous pour mort. »

———

Un banquier sollicitait, pour un de ses parens, une place de receveur-général. « Qui fera ses fonds ? lui demanda le ministre. — Moi, répondit le banquier. — Vous parlez comme Corneille. » C'était une allusion au *moi* de Médée. « Ce ministre est bien impoli, dit le banquier, il dit que je raisonne comme une corneille. »

———

Peu de jours après son arrivée à la Bastille, Linguet vit entrer dans sa chambre un grand homme qui lui donna quelque frayeur : il lui demanda qui il était. « Monsieur, je suis le barbier de la Bastille. — Parbleu, mon ami, vous auriez bien dû la raser. »

———

Dans une de ces scènes que les acteurs improvisaient sur l'ancien théâtre de la comédie Italienne, Arlequin exposait en ces termes le sujet d'un procès burlesque, bien digne de figurer parmi les causes amusantes: « Un homme fit un si grand bruit en « éternuant qu'un chien, tout effrayé, « en aboya contre un âne qu'une bonne « femme conduisait au marché. Cet « âne, effrayé à son tour, courut à « toutes jambes, et passa au travers « d'un grand étalage de pots et vases « de terre, qu'il fracassa entièrement. « La marchande de cette vaisselle « attaque la maîtresse de l'âne ; celle-« ci met en cause le maître du chien, « et celui-ci appelle enfin en ga-« rantie le terrible éternueur.» — «Ne voilà-t-il pas, ajoutait Arlequin, une cause bien propre à recevoir toute la broderie du palais?»

Un riche étranger, homme d'un caractère très-jovial, était venu prendre les eaux, et tout le monde recherchait sa société, parce qu'elle était infiniment agréable. Il était porteur d'un de ces mentons qu'on appelle *mentons de galoche*, et le hasard voulut que plusieurs personnes, réunies aux eaux, eussent, comme lui, des mentons fort longs. La rencontre lui parut bizarre, et, pour s'en amuser, il invita toutes ces personnes à un dîner qu'elles acceptèrent. Dès que les convives se mirent à manger, apercevant leurs mentons qui s'avançaient jusqu'au milieu de la table, tous partirent d'un éclat de rire, et le joyeux Amphitrion n'hésite plus à leur dire qu'il avait voulu s'amuser avec eux d'un spectacle aussi extraordinaire. Le jeu ayant tourné si heureusement, il prit un jour fantaisie à l'étranger de rassembler également une compagnie de *louches*, et il se divertit beaucoup de leurs révérences croisées, ainsi que des faux coups d'œil qu'ils se donnaient les uns aux autres. A un troisième dîner, il invite des *bègues*; mais le succès ne fut pas le même. L'un d'eux voulant faire l'éloge du premier plat, est un quart d'heure à finir sa phrase; son voisin, du même avis, la bégaye de même. La scène aurait continué; mais un des conviés s'avisa de se fâcher, et dès le soir, il envoya un cartel à son hôte. En général, les bègues n'ayant pas, comme l'on dit, la riposte à la main, s'emportent aisément contre ceux qui veulent les plaisanter; au lieu que les bossus, les boiteux et les borgnes, ne redoutent guère la raillerie, parce qu'ils peuvent répliquer. Au reste, de tous les hommes marqués au B, le plus aimable sans contredit dans les sociétés, c'est le bossu, et il n'y a pas de doute que le dernier repas donné par l'étranger ne se fût terminé très-gaîment, s'il y eût appelé des bossus de préférence à des bègues.

———

Le Grand Frédéric passant un jour par un village, le pasteur du lieu, qui cultivait en secret les lettres, songea à le haranguer ; mais craignant que le monarque, rassasié de complimens et de discours louangeurs, ne vînt à faire peu d'attention à sa harangue, il prit le parti de le recevoir, en lui chantant quelques vers de sa façon. Le roi, fort surpris, écouta avec plaisir ces vers qu'il trouva bons, et il dit au pasteur : *Bis*. Celui-ci ne se fit pas prier pour recommencer. Le monarque, satisfait, lui fit présent de cinquante ducats. Alors le pasteur, s'inclinant profondément, osa lui dire *bis* à son tour ; et le roi, content de cette saillie, doubla aussitôt le cadeau.

———

Le Régent aimait à courir les bals. Un jour qu'il se proposait de se procurer ce plaisir, il fit dire à l'abbé Dubois, depuis cardinal, de l'y accompagner. « L'abbé, lui dit-il en partant, « nous sommes masqués : personne « ne peut nous reconnaître ; mais ce- « pendant, afin qu'on ne me soupçonne « seulement pas, tu me traiteras « comme ton domestique. » Voici nos deux gaillards arrivés ; et le Dubois, qui le matin avait été bourré par son maître, charmé de prendre sa revanche, lui allongea quelques coups de pieds dans le derrière. Le Régent les endura pour ne pas se trahir ; mais

voyant le Dubois prêt à recommencer;
« L'abbé, l'abbé, s'écria-t-il, tu me dé-
« guises trop ! »

———

Le baron Vanswietten, fils du célèbre médecin de la cour de Vienne, m'a raconté que, lorsqu'il était au collège, son père exigeait qu'il s'appliquât particulièrement à l'étude de la langue grecque; et, afin de l'y obliger davantage, il le faisait correspondre avec lui en grec. Une fois, entr'autres, le jeune homme ayant besoin d'argent, avait écrit à son père une belle lettre en grec, où il exposait que cet argent lui était d'autant plus nécessaire, qu'il devait un quartier à son maître de manége. Il arriva que le docteur Vanswietten, qui était bibliothécaire de la bibliothèque publique de Vienne, avait été prié de collationner, pour M. Meermann, de La

Haye, un manuscrit grec de Théodoret, qui se trouve dans cette bibliothèque. Ce M.' Meermann compilait alors la collection qu'il a publiée depuis à La Haye, en 1771, sous le titre de *Novus Thesaurus juris civilis canonici*, en 7 v. in-fol. Le docteur Vanswietten copia et collationna le manuscrit grec de Théodoret pour son ami, et en le lui envoyant, laissa par mégarde dans le même cahier la lettre de son fils, dont il avait été si content qu'il avait eu dessein de la conserver. Cette lettre ne laissa pas d'embarrasser un peu l'érudition de Meermann ; cependant, ne doutant pas que ce ne fût un fragment de Théodoret, il la publia à la suite de l'ouvrage principal, n'oubliant pas de mettre en note, par manière de commentaire, que, du temps de la jeunesse de Théodoret, il y avait déjà des écoles vétérinaires et des maîtres de manége. Quelques mois après me trouvant chez le libraire De Gosse à La Haye, qui avait publié cet ouvrage, je me mis à plaisanter sur la bévue singulière de cet éditeur: « Ma foi, monsieur, dit-il, cela ne me « regarde point; voilà M. Meermann « lui-même, qui vous en rendra « compte. » En effet, M. Meermann était là qui nous écoutait.

De Benserade, dans un éloge du Roi qu'il récitait à l'Académie, pour marquer l'empressement que les Parisiens avaient témoigné pour le recouvrement de la santé du roi, disait : « Le « marchand quitte son négoce pour « aller aux pieds des autels; l'ar- « tisan quitte son ouvrage; le médecin « quitte son malade, et le malade n'en « est que mieux. »

Le poëte la Louptière était si pauvre, qu'il ne vivait communément que d'une tasse de café au lait. « Quelqu'un un jour l'invitant à dîner, je vous remercie, dit-il, j'ai dîné hier. »

A l'un des bals de la cour, le roi remarqua un domino jaune qui était d'une stature magnifique. Le domino s'approche du buffet, tombe avec une avidité extraordinaire sur les mets qu'on lui présente, disparaît et revient manger avec la même avidité, s'en va, et revient encore dévorer. Vingt fois le domino jaune se présente, et vingt fois il se repaît avec la même voracité. Etonné de ce manége, le roi ordonna à son capitaine des gardes de savoir qui était ce personnage à un estomac si ample. Il se trouva que les

Suisses de garde ce soir-là avaient loué un domino jaune; et chacun, l'endossant à son tour, allait faire une petite faction au buffet.

« Et le roi, que dit-il? — Le roi se prit à rire. »

DESBARREAUX, étant un jour fatigué de revoir un procès qu'il devait rapporter, et fâché de perdre le temps à une occupation aussi désagréable, fit venir les parties, donna au demandeur toute la somme qui faisait le sujet de la contestation, et finissant ainsi la plaidoirie, jeta tous les papiers au feu.

LE roi de Suède, Gustave III (1),

---

(1) Né en 1746, prince ami des arts et des lettres, et digne à tous égards d'un meilleur sort. Il fut assassiné dans un bal.

étant au camp de Loulais, fit une chute de cheval et se cassa le bras. Lorsqu'il fut guéri, la bourgeoisie de Stockholm consacra une somme pour entretenir, à perpétuité, à l'Hôpital Royal, quelques lits où l'on guérit *gratis* les fractures des bras et des jambes de ceux qui veulent s'y faire transporter. Ces lits furent nommés *lits de Loulais*, en mémoire du camp de Loulais, où l'accident était arrivé au roi.

Le poète Danchet ayant été outragé par un de ses rivaux, dans une satire sanglante, fit en réponse une épigramme très-piquante ; et l'envoyant à l'auteur de la satire, il lui manda que personne au monde ne la verrait, et qu'il voulait seulement lui montrer combien ce genre méprisable était facile.

Dans le combat naval livré aux Hollandais, en 1674, Jean-Bart s'attacha au contre-amiral Hidde de Vries, et emporta ce vaisseau le sabre à la main. Avant d'en venir à l'abordage, Jean-Bart s'écria : « Dix pistoles à celui
« qui m'apportera le pavillon de con-
« tre-amiral ; vingt à celui qui m'ap-
« portera le pavillon de la poupe. »
Un jeune Provençal s'élance, avide de gain et de gloire ; il monte au mât, reçoit un coup de fusil dans la main, l'enveloppe avec son mouchoir, en reçoit un autre dans la cuisse, bande la plaie avec sa cravate, monte, enlève le pavillon, s'en fait une ceinture, descend, passe à la dunette, reçoit une nouvelle blessure, renverse d'un coup de hache d'armes celui qui l'a frappé, arrache le pavillon, le roule encore autour de sa ceinture, et les

présente tous deux à Jean-Bart, émerveillé d'un tel courage.

———

Il y avait, dans la ville du Mont-Apennin, un prêtre si ignorant que, ne sachant pas même les fêtes de l'année, il ne les annonçait pas à son peuple. Etant un jour allé à Terra-Nova, la veille des Rameaux, et voyant les prêtres qui faisaient provision de branches d'olivier et de palmier, il s'aperçut qu'il n'avait ni observé lui-même, ni fait observer le carême à ses paroissiens. Le lendemain, étant de retour, il dit à son peuple : « C'est aujourd'hui
« le jour des Rameaux, dans huit jours
« ce sera Pâque ; cependant il faut
« faire pénitence toute cette semaine,
« et on ne jeûnera pas plus long-temps
« cette année, parce que le carême est
« arrivé fort tard, à cause du froid et

« des mauvais chemins. » Cette anecdote a fourni à Gresset le sujet du *Carême-Impromptu*.

———

UN soir qu'un Anglais soupait avec le philosophe de Ferney, la conversation tomba sur Sakespeare. Voltaire s'étendit sur l'effet inconvenant et absurde que produisaient des caractères bas et des dialogues vulgaires dans la tragédie ; il s'appuya de beaucoup d'exemples pour prouver que le poète anglais avait souvent offensé le goût même dans ses pièces les plus pathétiques. L'Anglais observa, pour excuser son compatriote, que ces caractères, quoique bas, étaient pourtant dans la nature. Avec votre permission, monsieur, répondit Voltaire, personne ne montre son derrière ; il est pourtant dans la nature.

———

Voici un trait de bravoure d'un simple soldat au siége de Turin, qui mérite d'être rapporté. Les Français avaient gagné une des galeries souterraines qui communiquent à la citadelle. Les assiégeans qui comptaient par là s'ouvrir l'entrée de la citadelle, y avaient posté deux cents grenadiers. Un paysan piémontais, appelé Muha, qui avait été forcé de servir comme pionnier, et qui avait été caporal, travaillait près de cet endroit avec vingt hommes à une mine. Comme il entendit les Français sur sa tête, convaincu que la place était prise s'ils restaient en possession de ce souterrain, il se détermina à sacrifier sa vie pour sauver la place. Il renvoya ses camarades et les chargea de l'avertir par un coup de feu dès qu'ils seraient en sûreté. Aussitôt qu'il eut entendu le signal, il mit le feu à la mine et se fit sauter avec les deux cents grenadiers français. Le roi de Sardaigne récompensa sa femme et ses enfans qu'il lui avait fait recommander au moment de l'exécution, et l'on assura une pension à sa famille.

———

BARRY étant gouverneur de Leucate en Languedoc, sous le règne de Henri IV, les Ligueurs le firent prisonnier et le conduisirent dans la ville de Narbonne, qu'ils avaient en leur pouvoir. Là, on le menaça de la mort la plus rigoureuse s'il ne livrait la place; sa réponse fut qu'il était prêt à mourir. Barry avait une jeune épouse qui s'était renfermée dans Leucate. Les Ligueurs la crurent plus facile à vaincre; ils l'avertirent du danger de son mari, et lui promirent sa vie, si elle livrait la ville. La réponse de la femme de Barry fut que l'honneur de son mari lui était encore plus cher que ses jours. La grandeur d'âme fut égale de part et d'autre ; Barry souffrit la mort, et sa femme, après avoir défendu la place avec succès, alla ensevelir sa douleur et sa jeunesse dans un couvent de Bézières où elle mourut.

Le fils du généreux Barry succéda à son gouvernement. En 1637, Serbelloni, après avoir investi cette place, tenta de le corrompre et lui promit des avantages considérables s'il embrassait le service des Espagnols : l'histoire de son père fut la seule réponse que le général Espagnol reçut.

———

La comtesse de Villebourg avait un triste soupirant qui lui confiait, dans un moment de désespoir, qu'il faisait gloire d'aimer tout ce qu'elle n'aimait pas : *Ah! mon cher enfant*, s'écria la comtesse, *que tu as d'amour-propre!*

———

Un moine vint à l'audience d'un ministre, avec une grande boîte sous son manteau. Quelqu'un demanda ce que c'était : « C'est, dit le moine, un « modèle de machine nouvelle de mon « invention, qui, à défaut d'eau et de « vent, fera aller les moulins par le « moyen de la *fumée*. Un vieux mi- « litaire répondit : *Eh morbleu! Père,* « *il n'y a là rien de nouveau : c'est* « *avec cela qu'on fait aller en avant* « *les bataillons.* »

———

M. de Fontenelle dînait chez une dame avec un seigneur qui, malgré l'air de n'avoir que vingt-cinq ans, disait cependant que sa fille venait d'accoucher pour la troisième fois. M. de Fontenelle dit vivement en causant avec lui : « *Allez, monsieur, vous êtes un grand-père.* » Le seigneur lui répondit sur le même ton : « *Allez, monsieur, vous êtes un grand homme;* » et la maîtresse de la maison s'écria : « *Mais.... mais si on les laisse faire, ils en sont aux injures, ils vont se battre.* »

Les habitans de la ville de Saint-Quentin, touchés de la misère que le haut prix du blé, dans l'année 1768, faisait éprouver à une partie de leurs concitoyens, firent alors un réglement bien propre à exciter l'émulation des autres villes et bourgs où la disette se faisait sentir. Le chapitre, l'état-major, le corps municipal, les négocians, toutes les communautés se sont taxés volontairement à une aumône extraordinaire, destinée au soulagement des malheureux. On distribue chaque semaine huit cent pains de huit livres et 200 liv. d'argent; par ce moyen il n'y a pas un mendiant dans les rues. Les pauvres, assurés de leur subsistance, travaillent chez eux et ajoutent le produit de leur main-d'œuvre au nécessaire qui leur est fourni gratuitement.

L'année dernière les mêmes besoins existaient ; on a fait pendant quatre mois les mêmes charités avec un égal succès. On sait qu'il n'y a point de mendians en Hollande, et vraisemblablement quelque jour il n'y en aura point en France ; alors on s'étonnera qu'on ait si long-temps laissé subsister un pareil abus dans un royaume policé, et l'on se souviendra qu'une ville du troisième ordre a été la première à donner l'exemple et la preuve d'un zèle patriotique digne d'être imité.

———

Il serait difficile de trouver le pendant du nain de Stanislas, roi de Pologne, duc de Lorraine et de Bar.

Bébé (c'est le nom qu'on donnait à ce nain, à la cour de Lunéville et de Commercy,) s'appelait Nicolas Ferry; il était né dans les Vosges, le 19 novembre 1741, et mourut le 14 juin 1764. Un sabot, à moitié rempli de laine, lui servit de berceau : il n'eut jamais plus de 28 pouces de taille, et ne pesait guère que 12 livres à l'âge de dix ans, et que 15 à l'âge de vingt ans. Sa personne était bien proportionnée; une figure agréable, de beaux yeux, le teint blanc annonçaient le fils de l'Amour et des Grâces. Quelquefois on le cachait dans un pâté, il en sortait lestement à l'ouverture, courait sur la table, s'asseyait sur une bouteille comme sur une borne, et caressait tout le monde. Il était excessif dans la joie comme dans la colère, dansait très-bien, mais avait un esprit très-borné. La nature proportionna la durée de son existence à la petitesse de son individu. Dès l'âge de 14 ans, les rides sillonnèrent son visage; une gouvernante en abusa, fit avancer sa vieillesse; à 22 ans il était caduc, et mourut âgé de 23.

———

L'HOMME, excité par de nobles sentimens, centuple ses forces, et peut lutter avec succès contre les plus terribles animaux.

Sous le règne de la reine Anne, un vaisseau marchand était en relâche à la Barbade. Plusieurs personnes de l'équipage, engagées par la chaleur du climat, et la beauté des eaux, prirent le plaisir du bain dans la mer. Un moment après parut, non loin d'eux, un énorme requin dont la vue les fit frémir ; ils regagnèrent promptement leurs vaisseaux : un seul, nageant moins vite, resta en arrière, et fut coupé en deux par le terrible poisson. Un de ses camarades, et son intime ami, vit du haut du pont cet horrible spectacle ; saisi de fureur, et armé d'un poignard long et effilé, il se jette à la mer, résolu de tuer le monstre ou de périr avec son ami. Le requin aperçoit cette nouvelle proie, s'élance contre elle pour la dévorer ; le jeune homme l'évite adroitement en se glissant sous les eaux, d'une main saisit une de ses nageoires, et de l'autre lui plonge, à plusieurs reprises, son long poignard dans les flancs. Le requin, blessé et furieux, tantôt faisait des bonds terribles au-dessus de l'eau, et tantôt se précipitait dans l'abîme, sans que le jeune homme lâchât prise et cessât de le frapper, jusqu'à ce qu'enfin tous les deux, pressés par les flots, arrivèrent sur la grève, le poisson à demi-mort, et le jeune homme épuisé par ses efforts. En touchant la terre, le vainqueur retrouva ses forces, et acheva de tuer son ennemi, dans l'estomac duquel on retrouva la moitié du corps qu'il venait d'avaler, et auquel l'équipage rendit les derniers honneurs avec les cérémonies accoutumées.

———

Une ville avait été mise en état de guerre ; il avait été expressément enjoint à tous les habitans de ne point sortir de leurs maisons à une certaine heure de nuit, sans porter du feu avec eux. Un bourgeois de cette ville, connu par son humeur joviale, imagina de parcourir dès la première nuit tous les quartiers, en portant autour de sa ceinture une douzaine de lanternes allumées. Il passe, dans ce risible équipage, devant un corps-de-garde. Accusé de vouloir tourner l'ordonnance en ridicule, il est arrêté et conduit sur-le-champ à l'état-major de la place. Le commandant juge à son tour que la plaisanterie est dérisoire, et, pour en punir l'auteur, il ordonne qu'il sera traduit à l'heure même en prison, et y passera autant de jours qu'il porte de lanternes. *Ah! M. le commandant*, s'écrie alors le bourgeois sans se déconcerter, *vous voudrez bien me faire grâce au moins d'un jour de prison, puisqu'il y a de bon compte une lanterne d'ordonnance.* L'observation plut au commandant, qui ne put s'empêcher d'en rire; et, en faveur du bon mot, il fit remettre le bourgeois en liberté.

———

Jaucin, en badinant, mettait un prix aux femmes de la cour de Louis XIV; et, calculant à l'anglaise, il estimait les unes mille louis, celles-ci cinq cents; il ne donnait de celles-là que cent louis, etc.; sur quoi madame de B......, devenue depuis madame de Lux......, lui dit : *Parlez-moi vrai, Jaucin; et moi, là, combien m'estimez-vous?* — *Ah! vous, madame,* répondit-il d'un air respectueux en apparence, *je ne vous estime pas.*

———

L'histoire d'Angleterre par M. Hume avait tellement enrichi ses libraires, que, lorsqu'il se fut retiré en Ecosse avec une fortune assez considérable, ils lui écrivirent des lettres pressantes pour le déterminer à continuer son ouvrage, et lui firent les propositions les plus avantageuses. Hume présenta d'abord diverses excuses; mais comme on ne cessait de l'importuner, il écrivit enfin ce peu de lignes : « Je ne puis accepter les offres que vous me faites, et j'ai pour cela quatre excellentes raisons : *Je suis trop vieux, trop gras, trop paresseux et trop riche.* »

———

Comme toute la cour glissait sur la Seine, dans un hiver rigoureux, Henri IV, voulut glisser aussi. Le maréchal de Bassompierre l'en empêcha. « Tous les autres ont bien glissé, dit le roi. — Oui, sire; mais votre majesté pèse plus que tous les autres ensemble. »

L'ANNÉE 1740, au mois de février, l'impératrice Anne fit élever sur les bords de la Newa un palais de glace, le seul de ce genre qui ait jamais existé. On rassembla pour le construire de larges quartiers de glace qui furent taillés comme des pierres; ce palais avait cinquante pieds de longueur, seize de largeur et vingt de hauteur. L'intérieur était réparti en plusieurs pièces décorées de tables, de chaises, de lits et d'autres meubles tous faits de glace. Des congélations colorées variaient le coup d'œil en ornant ces meubles. En face du palais étaient des statues, des pyramides, des canons également de glace. On fit partir de l'un des canons un boulet de fer poussé par un quart de livre de poudre. Le boulet traversa une planche de deux pouces d'épaisseur placée à soixante pieds du canon qui ne fut point endommagé. Le soir, ce palais fut illuminé, et les glaces devinrent autant de prismes de l'effet le plus brillant.

Lorsqu'en 1779 la guerre était près d'éclater entre l'Autriche et la Prusse, et que toutes les relations ministérielles étaient déjà rompues, la cour impériale fit un dernier effort pour obtenir ce qu'elle demandait. Elle envoya M. de Thugut à l'armée prussienne, afin de traiter directement avec le roi. Frédéric le reçut très-froidement, dit qu'il n'avait point de ministre auprès de lui, et que d'ailleurs la matière avait déjà été épuisée par le comte de Frukestein. M. de Thugut ne se laissa point déconcerter; il avait apporté un gros rouleau de papiers lié avec un fil rouge; il dénoua le fil, étala ses papiers, parla beaucoup et avec chaleur; mais s'étant aperçu que le roi ne lui répondait que par monosyllabes et avec une extrême sécheresse, il reprit ses papiers et s'en alla de fort mauvaise humeur. A peine avait-il atteint la porte que le roi le rappela tout à coup. Il revint vite et tout joyeux, persuadé que Frédéric avait fait des réflexions. Le *héros* vint au-devant de lui avec le fil rouge qu'il avait oublié, et lui dit en riant : « *Tenez, M. de Thugut, je n'aime pas « le bien d'autrui.* » C'était apparemment quand il ne valait pas la peine d'être pris.

FIN.

DE L'IMPRIMERIE D'A. EGRON.

TABLE.

	Pag.
Le Raccommodement	5
Sur madame de Maintenon	32
Les Promenades de Longchamp	35
Sur les Danseurs de corde	44
Observations curieuses sur les Nègres, par M. Mazères, colon	54
Eruption de l'Etna	71
Les trois Poissons d'or, conte	82
Anecdotes sur madame de Pompadour	87
Sur la comtesse Dubarry, par M. Denis, rédacteur du Narrateur de la Meuse	96
Tour joué par le bouffon Gonnella, à un abbé riche et avare, nouvelle traduite de l'italien de Pietro Fortini	103
L'Amour conjugal	109
Les deux Oracles, conte	118
Les Larmes ne sont pas toujours une preuve de la bonté du cœur	140
Henriette de Montclare, nouvelle française	148

Méhala, épouse de Caïn, après la mort d'Abel, idylle, par madame de Renneville 177
Traits historiques et Anecdotes. Quelques particularités anecdotiques sur le fameux M. de Saint-Germain ... 184
Le Père délivré par ses Filles 195
Médor, Anecdote de 1794 202
Autres Anecdotes 211

FIN DE LA TABLE.

www.ingramcontent.com/pod-product-compliance
Lightning Source LLC
Chambersburg PA
CBHW062020180426
43200CB00029B/2202